算数科授業サポートBOOKS

5分でつかむ！10分で深める！

算数ゲーム＆クイズ

松井恵子 編著

明治図書

はじめに

　みなさん，算数の授業は楽しいですか？

　目の前にいる子どもたちは，笑顔で算数授業に取り組んでいますか？　へらへらした笑顔ではありませんよ。学びを楽しむ充実した笑顔が教室に咲いていますか？

　算数という教科は，答えがハッキリしたストライクゾーンがとても明確な教科です。だから教えやすいという人もいます。しかし，それは，大間違い。日頃の算数授業に悩み，この本を手にとっているあなたこそ，大正解です。

　なぜなら，正解にたどりつけない子の暗く悲しい顔をキャッチできているから。

　なぜなら，答えを出せば終了し，学ぶことを放棄しているかのごとく，暇をもてあましている子の貧しい生き方を感じているから。

　私たち教師は，教えることが大好きで，子どもの成長を願ってやみません。特に，「できた！」と喜ぶ子どもを見て，我がことのように喜び，ほめたたえます。これは，低学年では通用します。低学年の学習内容は，大半の子ができるようになりますし，また，そうでないといけません。しかし，いつかはやってくるつまずき。4年生ぐらいになると，算数の得手・不得手が明確になってくることもしばしばあります。学年が上がるにつれ，そのストライクゾーンの狭さを子どもは痛感し，算数嫌いが生まれてくるわけです。

　だから，教師は，結果ばかりをほめてはいけません。ストライクという結果ばかりをほめてはいけないのです。いろいろな球の投げ方や，投げ方を考える子どもを育てるのです。大暴投しても，そのチャレンジ精神や，なぜそうしようとしたかという主体的な姿勢を認め伸ばすことが教師の役割です。うまくいかないことがあっても，「このやり方は違う，という発見」です。しかもその発見は，教師から与えられるのではなく，級友と交流しながら，まさしく発見していくものでないといけない。そこには，「ストライクを投

げられなかったら，自分はおしまいだ」という発想はなくなります。間違っても，迷っても，学びを深めていく自分を誇りに思うのです。すると，社会に出て，大きな壁にぶち当たった時にだって，「がんばる自分でいい，これでいいんだ」と進んでいけるのです。

　だから，ストライクゾーンの狭い算数こそ，ストライクばかりにとらわれず，ストライクまでの道筋を楽しめる授業にしましょう。これ，実は意外に難しいのです。どうしても，教師は，正解が出るとうれしくてとびついてしまうから。知識や技能の習得だけを喜んでしまうから。

　また，通信教育や塾などで先行学習をしている子どもが，先行知識をひけらかすことと本当に学ぶことを誤解し，正解ばかりを口々に言う授業も他の子どもの笑顔を奪います。

　算数の本質や学ぶ楽しさは，もっと深いところにあるのです。この本は，あなたも，子どもたちも笑顔の算数授業にするきっかけをぎゅっとまとめた本です。

　先行学習をしている子どもも，算数への苦手意識が強い子どもも，同じ土俵にのせる算数授業の導入をまとめました。ゲームやクイズという切り口でまとめてみましたが，もちろん，目の前の子どもたちの実態によって，アレンジしながら取り組んでください。この本をきっかけに，あなたのオリジナル授業にしていくことをおすすめします。

　教師自身が楽しむ姿勢が，子どもの学ぶベクトルを上向きにしていきます。そして，楽しそうな先生を見て，子どもたちは大人になるって楽しそうと感じます。"教師が一方的に与える授業"から，"教師と子どもが共に創り出す授業"へ，ミラクルチェンジしましょう！

　そのきっかけにこの本が，貢献できることを願っています。

松井　恵子

はじめに

楽しい算数授業のつくり方　　　　　　　　　　　…10

学年別　算数ゲーム＆クイズ60

1・2年

1年	◆いくつといくつ（領域：数と計算） ブロックとりゲーム	…14
1年	◆ひき算（領域：数と計算） 「□－□＝1」はいくつある？	…16
1年	◆たし算とひき算（領域：数と計算） 算数マシーンの秘密をさぐれ	…18
1年	◆式をたくさんつくろう（領域：数と計算） 数を組み合わせて式をつくろう	…20
1年	◆ひき算（領域：数と計算） 見えなくなっているカードをさぐれ	…22
1年	◆形（領域：図形） シルエットクイズ	…24
1年	◆ものの位置（領域：図形） 「船長さんが言いました」ゲーム	…26
1年	◆時計（領域：測定） 時計ぴったんこゲーム	…28
1年	◆広さくらべ（領域：測定） じんとりゲーム	…30
1年	◆絵グラフ（領域：データの活用） どんな並べ方をしたらわかるかな	…32

2年 ◆たし算とひき算のひっ算（領域：数と計算）
計算ビンゴ　　　　　　　　　　　　　　　　　　　…34

2年 ◆たし算とひき算（領域：数と計算）
数字カードで今日の運勢を占おう　　　　　　　…36

2年 ◆２ケタ２ケタのひき算（領域：数と計算）
答えが小さいほうが勝ち　　　　　　　　　　　…38

2年 ◆分数（領域：数と計算）
$\frac{1}{2}$なら当たりカードゲーム　　　　　　　　　　　…40

2年 ◆かけ算（領域：数と計算）
宝さがし　　　　　　　　　　　　　　　　　　　…42

2年 ◆九九（領域：数と計算）
九九表パズル　　　　　　　　　　　　　　　　　…44

2年 ◆三角形と四角形（領域：図形）
仲間わけゲーム　　　　　　　　　　　　　　　　…46

2年 ◆体積（領域：測定）
ちょうど20dL をつくろうゲーム　　　　　　　　…48

2年 ◆長さ（領域：測定）
ちょうど１ｍを目指そうゲーム　　　　　　　　…50

2年 ◆データ（領域：データの活用）
クラスの友達のことをもっと知ろう　　　　　　…52

コラム　どうやって考える？　ゲーム＆クイズ　　　…54

３・４年

3年 ◆大きい数（領域：数と計算）
漢字で書くと何文字？　　　　　　　　　　　　　…56

3年 ◆暗算（領域：数と計算）
今日のしかけは何だ？　　　　　　　　　　　　　…58

もくじ　5

3年	◆量分数（領域：数と計算） $\frac{1}{4}$mをさがそう	…60
3年	◆おもしろい計算（領域：数と計算） 999×□	…62
3年	◆わり算（領域：数と計算） 幸せな人を増やそう	…64
3年	◆あまりのあるわり算（領域：数と計算） 運だめし！　あまりが3になったら運がよい	…66
3年	◆四角形（領域：図形） これって四角形？	…68
3年	◆重さ（領域：測定） 赤ちゃんの私をだっこする	…70
3年	◆長さ（領域：測定） 長さカルタ	…72
3年	◆データ（領域：データの活用） どれが正しい棒グラフ？	…74
4年	◆分数（領域：数と計算） ジャンケン大会をしよう	…76
4年	◆小数倍（領域：数と計算） 「2倍の関係になっていたら運がよい」ゲーム	…78
4年	◆がい数の計算（領域：数と計算） 目指せ10万円ゲーム	…80
4年	◆面積（領域：図形） 9マス分の図形をつくろう	…82
4年	◆四角形（領域：図形） 似ている？　似ていない？	…84
4年	◆角度（領域：図形） 三角定規で角度をつくろう	…86

4年	◆四角形（領域：図形） 対角線の長さが□cmと□cmの四角形をつくろう	…88
4年	◆変わり方（領域：変化と関係） 変身ペアクイズ	…90
4年	◆簡単な割合（領域：変化と関係） 一番がんばった人は誰？	…92
4年	◆資料の分類整理（領域：データの活用） ビンゴゲームをしよう	…94
4年	◆折れ線グラフ（領域：データの活用） どっちのグラフ？	…96
コラム	楽しい算数ゲーム＆クイズの後にやってくる「壁」	…98

5・6年

5年	◆小数のかけ算（領域：数と計算） 点とりゲーム	…100
5年	◆整数（領域：数と計算） 倍数体操始めるよ	…102
5年	◆分数（領域：数と計算） 分数神経衰弱をしよう	…104
5年	◆合同な図形（領域：図形） ピッタリ重なれば当たりゲーム	…106
5年	◆台形の面積（領域：図形） 公式からその意味を説明しよう	…108
5年	◆速さ（領域：変化と関係） 人類は逃げきれるか	…110
5年	◆割合（領域：変化と関係） ジャンケンが強い人は誰？	…112

もくじ　7

5年	◆平均（領域：データの活用） ジュースしぼり対決をしよう	…114
5年	◆平均（領域：データの活用） 九九表	…116
6年	◆分数のかけ算（領域：数と計算） ぴったり１ゲーム	…118
6年	◆分数×分数（領域：数と計算） 分数トーナメント	…120
6年	◆拡大と縮小（領域：図形） 同じ形なら当たりゲーム	…122
6年	◆対称な図形（領域：図形） 「ある・なし」クイズ	…124
6年	◆円の面積（領域：図形） 学級円かき大会をしよう	…126
6年	◆円の面積（領域：図形） いくつあるの	…128
6年	◆比例と反比例（領域：変化と関係） 変身ペアを分類しよう	…130
6年	◆比と比の値（領域：変化と関係） レシピの王様をさがせ	…132
6年	◆資料の整理（領域：データの活用） 実力があるのはどっち？	…134
6年	◆データ（領域：データの活用） どのロボットを選ぶ？	…136
コラム	ゲーム＆クイズを考える私たちの本当の思い	…138

おわりに

楽しい算数授業のつくり方

楽しい算数授業のつくり方

　楽しい算数授業，それは，できるようになった喜びだけではありません。「はじめに」でも申し上げたように，学ぶこと自体を楽しいと思えるような授業づくりが必要なのです。とはいえ，様々な楽しさがあることでしょう。
　「あ～！　やってよかった」（目標達成）
　「おもしろいなあ！」（感動）
　「じゃあ，○○はどうなのかなあ」（学びの連続性）
　このような主体的な目標達成や意欲の向上こそが本物の楽しさだと私は思います。
　では，続いて授業づくりの基本ですが，①単元構成→②本時を考える→③振り返り，という3段階になります。

①単元全体を見通す

　この単元で，何を教えるのかを確認します。指導書やインターネット上の学習指導案だけに頼ってはいけません。まずは，学習指導要領をチェック。私は，大切だと思うことを限無く読み込むために，学習指導要領解説　算数編の文言をノートに書き出していきます。自分のコメントを吹き出しなどで付け足しながら，自分のものにしていきます。また，使用している教科書だけではなく，他社の教科書をそろえ，比較しながらその単元構成を考えるのもおすすめです。例えば，第5学年「面積」の単元なら，平行四辺形から導

入している教科書と直角三角形から導入している教科書があります。それだけでも，学びの地図は変わってきます。目の前の子どもたちには，どのような地図が必要なのかを常に考えられるようにしましょう。

②本時のめあてと活動を考える

　単元の目標をもって，学びが連続するような導入を考えた後，本時を考えます。本時を考える場合に，一番大切なのは，「シンプルにすること」です。考えさせたいことは何なのか，そのための活動は，１つ。例えば，グラフをかいた後，その分析を行うという授業は，活動が２つあります。「グラフをかく」と「分析する」という２つです。グラフをかく力をつけたいのであれば，それだけで授業構成を考え，分析する力をつけたいのであれば，グラフは教師が用意しておき，それの分析に時間をかける。めあてを達成するためには，活動は１つと心しておきましょう。

③学習の振り返り（変容の自覚化）

　集団で学び，繰り広げられた発見や意見は，板書には残すものの，消えていってしまいます。集団から，もう一度，個人思考に落とし込み，個々の学びを深めるのです。振り返りとして文章表現をすることもあれば，活動を通して学びを確認することもあります。決して，方法は１つではありません。

　この本では，上記にあげた，①単元構成の導入で使えるゲーム＆クイズもあれば，②本時の活動に使えるもの，③振り返りとして，また習熟として単元の終わりに使えるもの，すべてそろえています。ただし，上述した授業づくりの基本と学ぶことを楽しむ子どもの姿を大切にして，活動だけに終わらない力を伸ばせる楽しい算数授業をつくろうとチャレンジしてください。教師が変われば，子どもも変わります。

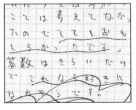

　「これなら，算数が好きになれそうです」
　そんな算数授業をつくりましょう。

〈松井〉

学年別
算数ゲーム＆
クイズ60

◆いくつといくつ（領域：数と計算）

ブロックとりゲーム

ゲーム＆クイズの手順

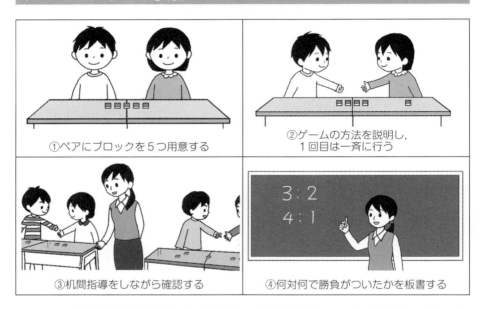

①ペアにブロックを5つ用意する

②ゲームの方法を説明し，1回目は一斉に行う

③机間指導をしながら確認する

④何対何で勝負がついたかを板書する

授業のねらい

　ジャンケンをしてブロックをとり合うゲームです。このゲームは，数の分解を理解することと同時に1年生の始めですから，楽しく学習する姿勢もねらいとしています。例として5の分解をしていますが，他の数でもできます。

ゲーム&クイズの実際

【準備物】 ブロック

①ペアにブロックを５つ用意する

　まずは，ペアでゲームを行いますので，ペアに必要な分のブロックを用意します。個人のブロックを使用する場合は，混乱しないように，右側に座っている人のブロックを出すなど，教師が指示をしましょう。

②ゲームの方法を説明し，１回目は一斉に行う

　ジャンケンをして，勝ったらブロックを１つとり，ブロックがなくなるまで続けます。ただし，説明だけでは理解が難しいのが１年生。１回目は，一斉に行いましょう。

　「１回戦用意！　せーの，ジャンケンポン！　勝った人は，手をあげてください。その人はブロックをゲットです」

　ゲームへの意欲を盛り上げる言い回しも大切です。

③机間指導をしながら確認する

　すべてなくなったペアには，「『ありがとう』と言って，ブロックを持ち主に戻しましょう」と指示します。楽しい学習の素地づくりを意識しましょう。

④何対何で勝負がついたかを板書する

　ペアでいくつといくつになったのかを発表させ板書し，数の分解につなげます。最後には，ノートに書かせて，もう一度ゲームをし，確認させます。

活動を次につなげるアドバイス

　必ず「５は１と４，２と３，……」と板書しますが，その際にブロックも提示して連動させながら板書しましょう。ノートにも書かせた後，個人のブロックも操作させます。その後，もう一度ゲームをさせてもよいです。その際は勝負がついたら「５は○と○」と言わせ，数の分解を定着させましょう。

〈松井〉

◆ひき算（領域：数と計算）

 1年

「□−□＝1」はいくつある？

ゲーム＆クイズの手順

① 「□−□＝1」が成り立つ式を考える

② 「□−□＝1」になる式は複数あることを共有する

③ 「□−□＝1」になる式をたくさんさがす

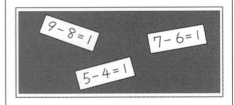
④ バラバラの式を並べ替えて，きまりを発見する

授業のねらい

　ひき算といえば，フラッシュカードでの計算練習が思い浮かびます。もちろんそれも大事な計算トレーニングなのですが，計算のきまりの発見を通して，子どもたちが躍動するような楽しい体験もさせておきたいものです。「なぜ，ひかれる数とひく数に，同じ数を増減させても答えの数は変わらないのか」。説明はすぐにできなくてもかまいませんが，このゲームのような体験をさせておくことが，数学的な見方・考え方を伸ばす素地となります。

16

ゲーム＆クイズの実際

【準備物】 ひき算の式を黒板に掲示するための画用紙でつくったカード（磁石で貼る）

① 「□－□＝1」が成り立つ式を考える

黒板に「□－□＝1」と書き，説明をします。「□の中に数を1つずつ入れます。ひき算の式をつくることができますか」と問いかけ，ノートに式を書かせます。（まずは1つだけ）

② 「□－□＝1」になる式は複数あることを共有する

数名指名して，「9－8＝1」や「5－4＝1」などと発表させます。教師は，黒板ではなく，画用紙に書きます。「どちらが正解？」と尋ねることで，「どちらも正解です」「他にも答えがあります」などの声を引き出します。教師は，「答えが1になる式は，他にもあるんですね。いくつくらいありそうですか」と投げかけます。予想の数を書かせます。

③ 「□－□＝1」になる式をたくさんさがす

式をさがす時間をとります。この時「答えが1にならなかったひき算も消さずにノートに残しておくこと」を約束とします。大事な計算練習です。

④ バラバラの式を並べ替えて，きまりを発見する

発見した式を発表させます。画用紙に書いて黒板に貼ります。あえてバラバラに貼り，並べ替えたくなる状況をつくります。「式がいくつあるかわかりにくい」とつぶやくと，「並べ替えていいですか」という子が出てくるでしょう。

活動を次につなげるアドバイス

教師が「答えが1の時だけ，こんなおもしろいきまりがあるんですね」と投げかけることで，「答えが2の場合も調べてみたいです」という声を引き出すことができます。「□－□＝2」はいくつありそうか，予想してから調べさせます。答えが「1」の学びが「2」の場合に転移します。　　〈木下〉

◆たし算とひき算（領域：数と計算）

算数マシーンの秘密をさぐれ

ゲーム＆クイズの手順

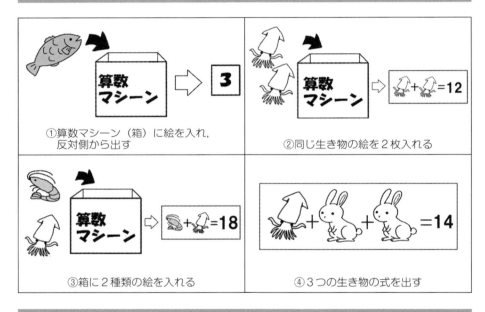

① 算数マシーン（箱）に絵を入れ，反対側から出す
② 同じ生き物の絵を2枚入れる
③ 箱に2種類の絵を入れる
④ 3つの生き物の式を出す

授業のねらい

　算数マシーン（ブラックボックス）を使いながら，楽しくたし算とひき算の習熟を図るゲームです。このゲームは，単調になりがちな計算学習で，子どもが「問い」をもって思考したり，意欲的に学習に取り組んだりすることを目的としています。

　また，たし算とひき算の習熟だけでなく，ここで紹介するように「3つのかずのけいさん」の学習にまで発展させることも可能です。

ゲーム＆クイズの実際

【準備物】 算数マシーン（箱）※裏面はあけておく／絵カード／数字カード

①算数マシーン（箱）に絵を入れ，反対側から出す

　まずは，算数マシーン（箱）を見せます。「今日は算数マシーンを持ってきたよ。これはね，なんでも数字に変えてしまうんだよ」と言い，まずは魚の絵を入れます（チーンと音を鳴らすとおもしろいです）。そして，箱の中にあらかじめ入れておいた「３」のカードを反対側から出します。２〜３回繰り返すとよいでしょう。これで「魚」はいつでも「３」だと理解できます。

②同じ生き物の絵を２枚入れる

　今度は，イカなど同じ生き物の絵を２枚入れてみせます。そして，反対側から「イカ＋イカ＝12」の式を出します。２枚以上入れると式が出てくることを見せ，「イカ」は何になるかを考えさせます。「イカ」は６になりますね。

③箱に２種類の絵を入れる

　今度は２種類の絵を入れます。例えば「エビ」と「イカ」です。この場合は，反対側から「エビ＋イカ＝18」という式を出して，これを考えさせます。

④３つの生き物の式を出す

　今度はこれまでと逆側から「14」を入れてみます。そして３つの生き物の式を出すのです。例えば，「イカ」と「ウサギ」が２羽。つまり「６＋□＋□＝14」という式が出てきます。３つの数の計算を行うことができます。

活動を次につなげるアドバイス

　「魚を入れるといつも３だよ」「今度はエビを入れてみたい」など，子どもたちの言葉にうまく寄り添いながら学習を進めていくとよいでしょう。また，準備している数字カードをさっととり出せるよう，箱の裏はあけておくのがポイントです。「イカは６だよ」などと，生き物が数字に見えてきたらしめたものです。しっかり板書に残しておきましょう。

〈三野〉

◆式をたくさんつくろう（領域：数と計算）

数を組み合わせて式をつくろう

ゲーム＆クイズの手順

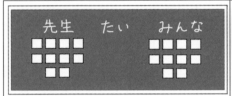

①先生対子どもで「式をたくさんつくったほうが勝ち」ゲームをする

②カードをめくって式をつくる

③式が成り立つか考える

④式をたくさんつくったほうが勝ち

授業のねらい

　計算の学習では，式が示されてその答えを出すことがほとんどです。しかし，答えに合う式をつくったり，式の一部を考えたりすることに慣れておくと，式の意味理解につながります。また，たし算やひき算の関係も考えることができます。

ゲーム＆クイズの実際

【準備物】 ０～９の数字カード　10枚を２組（掲示用。裏向きにも掲示できるよう両面に磁石を貼っておく）

①先生対子どもで「式をたくさんつくったほうが勝ち」ゲームをする

　先生対子どもで勝負することを伝え，数字カードを黒板に数字が見えないように裏を向けて先生用に10枚，子ども用に10枚貼ります。

②カードをめくって式をつくる

　「□－□＝□」「先生」「みんな」と板書します。先攻・後攻を決め，先行が１枚カードをめくり，自分の□－□＝□の３つの□の，好きなところにカードを置きます。次に後攻が１枚カードをめくり，自分の□－□＝□の３つの□の，好きなところにカードを置きます。

③式が成り立つか考える

　先行が２枚目のカードをめくり，残り２つの□のどちらかにカードを置きます。この時，残っている数字カードを考え，置く場所をどこにするか，話し合うとよいでしょう。

〈例〉　１枚目が８　　８－□＝□「ここに置いたほうがいいね。だって……」

　　　　２枚目が５　　８－５＝□「まだ３が残っているから，５はここだね」

④式をたくさんつくったほうが勝ち

　順番にカードをめくっていきます。式に合わない数字が出たら，カードを表に向けて貼り，交代します。10枚のカードで多くの式をつくったほうが勝ちです。

活動を次につなげるアドバイス

　□の場所によって，頭の中でたし算やひき算をしていることに気がつくことができるとよいでしょう。

〈直海〉

◆ひき算（領域：数と計算）

1年 見えなくなっているカードをさぐれ

ゲーム&クイズの手順

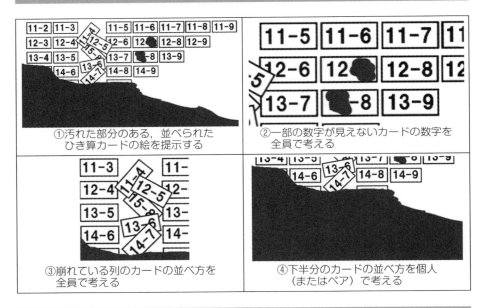

①汚れた部分のある，並べられた
ひき算カードの絵を提示する

②一部の数字が見えないカードの数字を
全員で考える

③崩れている列のカードの並べ方を
全員で考える

④下半分のカードの並べ方を個人
（またはペア）で考える

授業のねらい

　単元最後にひき算カードを並べる活動がどの教科書にも入っています。なんとなく活動させるのではなく，見る視点を明らかにさせながら，ひき算カードを考えさせることをねらい，つくった教材です。

ゲーム＆クイズの実際

【準備物】 半分ほどが見えていないひき算カードの絵（掲示用）

上半分にひき算カードがかかれたワークシート（④で使用）

①汚れた部分のある，並べられたひき算カードの絵を提示する

どうやらきまりをもって並んでいるひき算カードに，汚れて見えない部分があることを共通理解させます。

②一部の数字が見えないカードの数字を全員で考える

一部だけが汚れているカード（12－□と□－8）について全員で考えます。まずは，縦や横の数の並びからさぐらせます。12－7，13－8とわかったら，教師がカードをその場でつくり直し，黒板に貼ります。ここで大切なひと手間を！ 必ず，カードの裏に答えを書いてから，黒板に貼ること。「裏の答えは何かな」と言って2枚のカードに答えを書き込み，黒板に貼ると，子どもはおのずと同じ答えの式が並んでいることにも気づきます。

③崩れている列のカードの並べ方を全員で考える

全体として見る視点をつかませるために，崩れている列を並べます。

④下半分のカードの並べ方を個人（またはペア）で考える

ワークシートを用意し，自力解決の時間をもたせるのもよいです。ペアで考える際には，カードを用意しておき，お話しさせながら並べさせます。この時に，1枚カードを抜いておくのもおすすめです。カードがたりないとさわぎだし，全体討議につなげられるからです。学級の実態によって変えてください。

活動を次につなげるアドバイス

説明をしたくなる教材を提供することが大事です。全員が考える土俵に乗るように，スモールステップで考える視点をつかみとらせるようにしましょう。数の並べ方だけではひき算の勉強にはならないことにも注意してください。

〈松井〉

◆形（領域：図形）

 シルエットクイズ

ゲーム＆クイズの手順

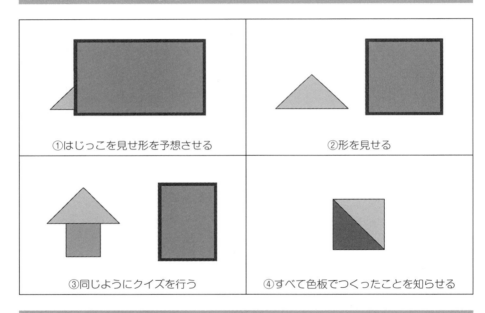

授業のねらい

　まずは，シルエットを見せ，形を予想させることで，図形の特徴を捉えさせます。次に，すべて算数セットの中にある色板（直角二等辺三角形）でつくったことを知らせ，色板で形をつくる活動につなげます。

ゲーム＆クイズの実際

【準備物】アプリケーションソフト（もしくは画用紙）でつくったシルエットクイズ／色板

①はじっこを見せ形を予想させる

まずは，形の端を見せて，形を予想させます。その時に，必ず理由を言わせましょう。「角がとんがっているから，三角だと思います」「ここの線がななめになっているから，三角だと思う」など図形の構成要素に着目させましょう。

②形を見せる

隠していたところを見せて，正解を告げます。1問目の正解を出した後は，必ず，①で着目した構成要素を再度教師が声に出して確認しましょう。

「角や線の傾きを見れば，三角だってわかるんだね。次はどうかな」などです。

③同じようにクイズを行う

次に四角。その次には三角と四角でつくった家の形など，予想を外すと楽しいでしょう。

④すべて色板でつくったことを知らせる

「でもこの形，全部これでできてるんだって」と言って，色板を見せます。先生が困った様子で，どうやったらできるのかなあと問いかけ，色板での形づくりのスタートです。

活動を次につなげるアドバイス

図形の認知能力は，個人差が大きいです。ここからは，実際につくらせながら，形づくりに親しませていきましょう。

〈松井〉

学年別　算数ゲーム＆クイズ60　　25

◆ものの位置（領域：図形）

1年 「船長さんが言いました」ゲーム

ゲーム＆クイズの手順

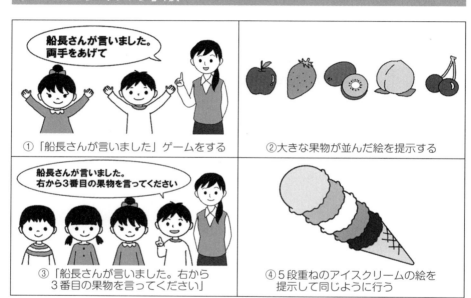

① 「船長さんが言いました」ゲームをする
② 大きな果物が並んだ絵を提示する
③ 「船長さんが言いました。右から3番目の果物を言ってください」
④ 5段重ねのアイスクリームの絵を提示して同じように行う

授業のねらい

　教科書によくある問題を「船長さんが言いました」ゲームにアレンジしただけです。「船長さんが言いました」ゲームで，教室をあたためて本題に入ることができます。参観日にもおすすめです。

ゲーム&クイズの実際

【準備物】 果物が並んだ絵／5段重ねのアイスクリームの絵

①「船長さんが言いました」ゲームをする

「今から，『船長さんが言いました』ゲームをします。拍手」と言って始めます。「先生が『船長さんが言いました』と言った時だけその指令に従ってくださいね」と言って何度か行います。

②大きな果物が並んだ絵を提示する

提示してから，果物の名前を確認します。果物の名前を知らない1年生もいます。必ず確認しましょう。

③「船長さんが言いました。右から3番目の果物を言ってください」

「船長さんが言いました」ゲームを再開します。全員で言わせたり，ペアで確認させたり，答え方に変化もつけましょう。子どもが問題を出すのもおすすめです。

④5段重ねのアイスクリームの絵を提示して同じように行う

「上から○番目」「下から○番目」の練習です。これも①〜③を繰り返します。

活動を次につなげるアドバイス

「いちごは，右から何番目でしょう」など，変化球も盛り上がります。ちなみに，この答えは，「右から4番目」です。思わず，「2番目」と答えた人は，思い込みで，左から数えていますよ。

〈松井〉

◆時計（領域：測定）

時計ぴったんこゲーム

ゲーム＆クイズの手順

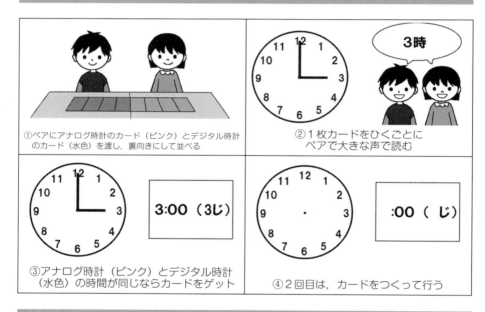

授業のねらい

　時計の読み方の習熟を図るゲームです。神経衰弱の要領で行います。「何時」と「何時半」のカードのみで行う「とけい(1)」と何時何分のカードも入れた「とけい(2)」の単元の両方で行えます。

ゲーム＆クイズの実際

【準備物】 アナログ時計のカード（ピンク）　数枚／デジタル時計のカード
　　　　　（水色）　数枚／時間が入っていないカード　数枚

①ペアにアナログ時計のカード（ピンク）とデジタル時計のカード（水色）
　を渡し，裏向きにして並べる

　並べさせる前に，すべてのカードを一斉に読ませて，確認をしましょう。
その後，シャッフルさせて，机上に並べさせましょう。

②１枚カードをひくごとにペアで大きな声で読む

　ペアで順番を決めたら，ピンクと水色のカードを１枚ずつひいていきます。
その際，出てきた時刻を２人で大きな声で読むようにさせます。

③アナログ時計（ピンク）とデジタル時計（水色）の時間が同じならカード
　をゲット

　早めに終わったペアには，「『ありがとう』と言って，カードを片づけましょう」と指示します。楽しい学習の素地づくりのためです。

④２回目は，カードをつくって行う

　針をかいていないアナログ時計のカードと時刻をかいていないデジタル時計のカードを用意しておきます。この時，デジタル時計のカードの分の部分は，00のものと30のものを用意しておきます。こうすることで，5分単位の問題をつくらせず，混乱を防ぎます。

活動を次につなげるアドバイス

　④の個人で時計カードをつくる時に，評価ができます。かけない子どもを見取り，その場で指導し，習熟を図りましょう。子どもたちに混乱なくゲームに取り組ませることができるように，カードの枚数や大きさを考えてつくることも大切です。

〈松井〉

◆広さくらべ（領域：測定）

じんとりゲーム

ゲーム＆クイズの手順

①どちらの色が広いか考える(1)

②どちらの色が広いか考える(2)

③どちらの色が広いか考える(3)

④数が少ない青色の方が広い理由を考える

授業のねらい

　「直接比較」などを学び終えた後の発展学習です。大きさが等しい正方形（５×５の25マス）の方眼紙を２枚提示します。片方は赤色が数マス，もう片方は青色が数マス塗られています。「どちらの色が広い？」を追究します。同じゲームを繰り返しますがメイン活動で難易度が上がります。方眼紙の大きさは変えないままでマス目だけを変えます。片方は全体25マスのまま。もう片方は全体16マス（４×４）にします。

ゲーム＆クイズの実際

【準備物】 ５マス×５マスの正方形の方眼紙（提示用）　複数枚
　　　　　 ４マス×４マスの正方形の方眼紙（提示用）　１枚
　　　　　 配付用ワークシート　　　　　　　　　　　人数分

①どちらの色が広いか考える(1)

　２枚の方眼紙を提示し，どちらの色が広いか問いかけます。どちらも５マス×５マスの正方形。赤色は20マス，青色は５マス塗っておきます。ひと目ではっきり，どちらが広いかわかります。

②どちらの色が広いか考える(2)

　２問目，３問目と続けて提示します。数えている子に，「何をしているのですか」と尋ねます。単位面積のいくつ分で数える姿を価値づけます。黒板に提示した方眼紙を縮小したワークシートを配付して数えさせます。

③どちらの色が広いか考える(3)

　本ゲームのメイン活動。２枚の方眼紙の大きさは同じですが，マス目の数を変えておきます。赤色は５マス×５マスのまま。青色を４マス×４マスに変えます。赤色の方を12マス，青色の方を８マス塗っておきます。

④数が少ない青色の方が広い理由を考える

　色の塗られたマスの数が少ない青色の方がなぜ広いのか，理由を考えます。「１つ分の大きさが違うから比べられない」「赤色は半分より少ないけれど，青色はちょうど半分」などの論理的な発言を引き出します。青色が広い理由を共有します。

活動を次につなげるアドバイス

　「単位面積の大きさをそろえないと比べられない」という学習は難しい発展的な学習かもしれません。しかし，「基準をそろえる」という見方・考え方は，学年や領域を横断して重要です。１年生の次は４年生までとんでしまう面積の学習。１年生で学びの深さを味わわせておきましょう。　　〈木下〉

◆絵グラフ（領域：データの活用）

どんな並べ方をしたらわかるかな

ゲーム＆クイズの手順

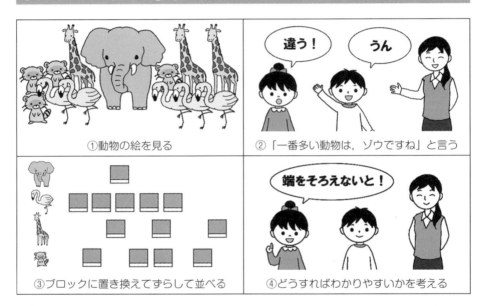

① 動物の絵を見る
② 「一番多い動物は，ゾウですね」と言う
③ ブロックに置き換えてずらして並べる
④ どうすればわかりやすいかを考える

授業のねらい

　数を比較する方法と比較をわかりやすく表現する方法を習得させる単元です。面積が広いものを「数が多い」と認識する子どもがクラスには必ずいます。大人が当たり前だと思うことを，主体的に考えさせ，概念形成をさせることが，1年生にはとても大切です。

ゲーム＆クイズの実際

【準備物】 たくさんの動物がかかれた絵／ブロック

①動物の絵を見る

　動物の絵は，大きい動物と小さい動物が混在しているものにします。１匹しかいない動物を一番大きい動物（今回はゾウ）にすることがミソです。

②「一番多い動物は，ゾウですね」と言う

　一番多い動物はゾウではありません。一番大きい動物がゾウです。数の概念の１が育っていない子どもは，面積の割合が大きいものを一番多いと考えてしまいます。そこを引き出すための発問です。パペットなどのキャラクターを用意して，パペットにしゃべらせることもおすすめです。

③ブロックに置き換えてずらして並べる

　ここで子どもたちにどうやったら比べられるかを考えさせてもよいでしょう。「数を○でかく」「棒で表す」など主体的で自由な発想が期待できます。○でも棒でも，端をずらして並べてわざと比べられないように板書しましょう。

④どうすればわかりやすいかを考える

　端がそろっていなかったり，ブロックや○の大きさが違っていたりするとうまく比べられません。子どもと教師の会話でつくり上げていきましょう。パペットに間違わせることは，１年生にとってかなり有効です。

活動を次につなげるアドバイス

　それまでの経験から，子どもは横に並べて数を比較しがちです。しかし，横に並べるだけではなく，縦に並べて高さで比較させることも，３年生の棒グラフの素地になります。子どもから出なかったら，教師から提示してもいいと思います。

〈松井〉

◆たし算とひき算のひっ算（領域：数と計算）

計算ビンゴ

ゲーム＆クイズの手順

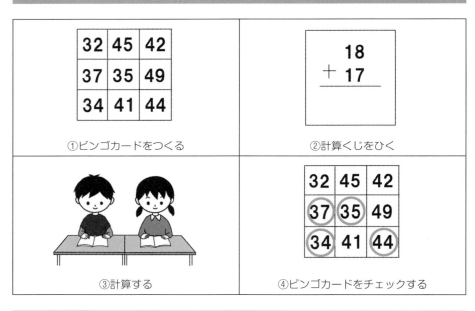

① ビンゴカードをつくる　　② 計算くじをひく

③ 計算する　　④ ビンゴカードをチェックする

授業のねらい

　ビンゴは，一度はやったことがあるのではないでしょうか。これを算数の学習に取り入れます。ゲームを通して計算をするので，子どもたちは速く，正確に答えを出したくなります。
　できるだけ楽しく，たし算やひき算の計算練習（習熟）を行うことをねらいとしています。

ゲーム＆クイズの実際

【準備物】 計算くじカード

①ビンゴカードをつくる

ノートに３×３マスのビンゴの枠を作成し，そこに自由に答えを予想して数字を書かせます。この時，「30〜50の間」など20くらいの間の範囲を指定しておきます。

②計算くじをひく

いよいよビンゴゲームのスタートです。くじをひいて，ひっ算の式を出します。習熟させたい内容によって，たし算とひき算を混ぜておいたり，ひき算だけのくじにしたりするなど，工夫するとよいでしょう。

③計算する

ノートに計算をします。あっているか，よく見直しをさせます。計算の答えが間違っていたら，ビンゴにはならないというルールをつくると，子どもたちは正確に計算しようとします。

④ビンゴカードをチェックする

計算した答えがビンゴカードにあれば，○をつけます。ビンゴになれば，ごほうびです。ノートにシールを貼ってあげたり，大きな花丸をつけてあげたりするとよいでしょう。

活動を次につなげるアドバイス

教科書の練習問題を必死に解く時間も大切ですが，ゲーム性をもたせて計算学習を行うと，子どもたちはより意欲的に計算に取り組むことができます。取り組んでいる課題に切実感が生まれるからです。子どもの実態に合わせてルールを変更したり，問題を変更したりして学習に取り組ませることがポイントです。

〈三野〉

◆たし算とひき算(領域:数と計算)

2年 数字カードで今日の運勢を占おう

ゲーム&クイズの手順

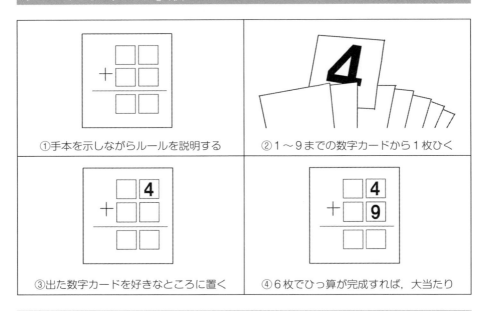

①手本を示しながらルールを説明する

②1~9までの数字カードから1枚ひく

③出た数字カードを好きなところに置く

④6枚でひっ算が完成すれば,大当たり

授業のねらい

　計算の習熟というと,ひたすら計算練習を繰り返し,計算による答えを出すことばかりになってしまいがちです。しかし,大切なのは,計算の仕方を考えることも含めた習熟学習です。

　そこで,数字カードを使ってゲーム形式にすることで,計算の仕方について振り返り,たし算やひき算のひっ算についての習熟を図ることをねらいとしています。

ゲーム＆クイズの実際

【準備物】 １〜９までの数字カード

①手本を示しながらルールを説明する

・カードは１枚ずつひく　　　・同じ数字カードは１回しか使えない

・２ケタの答えにする　　　　・カードは□のどこに置いてもいい

②１〜９までの数字カードから１枚ひく

　１人の子どもにくじびきのように数字カードを１枚ひいてもらいます。１枚ずつひかせることで，より多くの子どもを巻き込んでいくことが可能です。

③出た数字カードを好きなところに置く

　好きなところに数字カードを置きます。これを繰り返していきます。この時，「どこにカードを置くといいかな？」や「どうして〇〇さんは，ここにカードを置いたのかな？」などと全体に問いかけながら行うことがポイントです。

④６枚でひっ算が完成すれば，大当たり

　６枚で見事にひっ算が完成すれば大あたり。「今日はみんなの力で，見事に完成させることができたね。きっと今日このクラスはいいことがあるよ！」と価値づけてあげれば，子どもたちも大喜びです。

活動を次につなげるアドバイス

　授業のどこで全員に考えさせ，計算の仕方を共有するかがポイントになります。例えば，１の位に「４」と「９」が置かれた時，「これはもう無理だよね？」と問うとどうでしょうか。この時，答えの１の位には「３」を置くことができます。繰り上がりの計算の仕方について考えることができます。また，残り２枚の時の，「６が出てほしい」などのつぶやきには，「どうして６が出てほしいの？」などと問うとよいでしょう。このように全体に教師が問い返すことによって，計算の仕方について復習する機会となります。

〈三野〉

学年別　算数ゲーム＆クイズ60　37

◆2ケタ2ケタのひき算(領域:数と計算)

答えが小さいほうが勝ち

ゲーム&クイズの手順

①数字カードをくばる

②数字カードを重ねて2人の真ん中に置く

③1枚ずつ数字カードをひき，ひっ算の式をつくる

④できたひっ算を計算する

授業のねらい

　2人組になり，0～9の10枚の数字カードを□□-□□のひっ算に入れていきます。できたひっ算を計算し，答えが小さくなったほうが勝ち，というゲームです。

　2年生のひき算のひっ算の習熟は単調になりがちですが，式の数値，答えの大小を考えながら，ひっ算のしくみを理解することができます。

ゲーム&クイズの実際

【準備物】 ０〜９の数字カード　10枚（２人に１組。３人の場合はカードを
５枚増やす）／ひき算のひっ算の枠を示したワークシート（なく
ても可）

①数字カードをくばる

０〜９の数字が書かれた10枚１組のカードを２人にくばります。

②数字カードを重ねて２人の真ん中に置く

机を向かい合わせにして，数字カードを裏向きにして重ね，２人の真ん中
に置きます。

③１枚ずつ数字カードをひき，ひっ算の式をつくる

ジャンケンで順番を決め，順番に１枚ずつ数字カードをひきます。ひいた
数字カードで２ケタ－２ケタのひっ算の式をつくっていきます。（はじめて
する場合は，ひっ算の枠をあらかじめつくっておき，その上に置くとよいで
しょう）

④できたひっ算を計算する

数字カードを並べてつくったひっ算を計算します。その答えが小さくなっ
たほうを勝ちとします。

活動を次につなげるアドバイス

始めはどこにどの数字を入れるか考えないでできた式を計算していても，
次第に大きい数や小さい数をひっ算のどこに置けば答えが小さくなるか考え
る動きが出てくるでしょう。

答えが大きくなるバージョン，たし算バージョンなどに発展させていくと
よいでしょう。

〈直海〉

◆分数（領域：数と計算）

2年 $\frac{1}{2}$なら当たりカードゲーム

ゲーム＆クイズの手順

①分数カードは，正方形や円などいろいろな形のものを用意する

②正方形の$\frac{1}{2}$のカードは，大きいものと小さいものの2種類を準備する

③袋からカードをとり出し，$\frac{1}{2}$なら当たりゲームをする

あれ？
ぼくが勝ち？

④$\frac{1}{2}$の意味を確認する

授業のねらい

　分数の習熟の時間に行うゲームです。「もとの大きさの$\frac{1}{2}$」のカードが出たら勝ちです。分数カードは，正方形や円や長方形などいろいろな形で，$\frac{1}{3}$や$\frac{1}{4}$に色をぬったカードも用意します。正方形で$\frac{1}{2}$だけれど大きさが違うものも入れておき，論点とします。

ゲーム＆クイズの実際

【準備物】 分数カード／カードを入れる袋

①分数カードは，正方形や円などいろいろな形のものを用意する

正方形，長方形，円や三角形など様々な形の分数カード（それぞれの図形に色をぬったもの）を用意します。$\frac{1}{2}$にぬったものだけではなく，$\frac{1}{3}$や$\frac{1}{4}$のカードも用意しましょう。ここに，正方形で$\frac{1}{2}$だけれど，大きさが違うカードも入れておきます。

②正方形の$\frac{1}{2}$のカードは，大きいものと小さいものの2種類を準備する

分数カードの中に，大きな正方形の$\frac{1}{2}$のカードと小さな正方形の$\frac{1}{2}$のカードを用意しておきます。

③袋からカードをとり出し，$\frac{1}{2}$なら当たりゲームをする

ペアか4人グループになってカードをひき，当たりかはずれか説明をし合います。この時，「もとの形を○つに分けた1つ分だから」という言葉を必ず使うようにさせます。

④$\frac{1}{2}$の意味を確認する

大きな正方形の$\frac{1}{2}$と小さな正方形の$\frac{1}{2}$について全体討議をさせましょう。どちらも2つに分けた1つ分なので，当たりであることを確認しましょう。

活動を次につなげるアドバイス

教師が用意したカードで遊んだ後は，「では，$\frac{1}{4}$のカードをつくってみよう」と正方形のカードを渡して，かく活動に移ります。自分たちでつくったカードを増やして，もう一度ゲームを行うこともおすすめです。目的意識をもったかく活動で，習熟を図れます。

〈松井〉

◆かけ算（領域：数と計算）

2年 宝さがし

ゲーム&クイズの手順

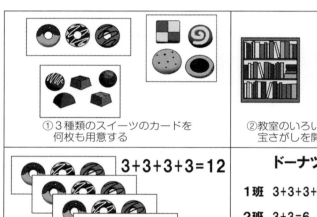

① 3種類のスイーツのカードを何枚も用意する

② 教室のいろいろな場所にカードを隠し宝さがしを開始する

③ グループで獲得数を競う

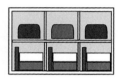

	ドーナツ	チョコレート
1班	3+3+3+3=12	0
2班	3+3=6	5+5+5=15
3班	3+3+3=9	5+5=10

④ それぞれのスイーツで，数が多いグループが優勝

授業のねらい

　累加の考え方を育てるゲームです。別の種類のスイーツは合算せず，同じ種類のスイーツでその数を競います。ドーナツを一番たくさん獲得したチーム，チョコレートが一番多いチームなど，スイーツごとに１位を決めます。

ゲーム＆クイズの実際

【準備物】 スイーツがかかれたカード3種類（3つ入り，4つ入り，5つ入り）　それぞれ10枚以上

①3種類のスイーツのカードを何枚も用意する

　3つ入りドーナツ，4つ入りクッキー，5つ入りチョコレートのカードをそれぞれ10枚以上用意します。さがす子どもの人数によって，枚数を考えましょう。

②教室のいろいろな場所にカードを隠し宝さがしを開始する

　ロッカーの中や学級文庫の間などにカードを隠します。1分ずつ，グループから1人ずつ順番にカードをさがします。

③グループで獲得数を競う

　グループで，それぞれのスイーツをいくつ獲得したかを数えさせます。

　「3つ入りのドーナツのカードを4枚見つけたから，3＋3＋3＋3＝12個だね」

④それぞれのスイーツで，数が多いグループが優勝

　ドーナツ王，クッキー王，チョコレート王を決めた後に，スイーツの数が一番多いチームをスイーツ王とすることで，盛り上がる上に，カードの枚数ではなく，スイーツの個数を比較することにもつながります。

活動を次につなげるアドバイス

　導入でのゲームですが，九九を学習した後に，スイーツの種類を増やして同じゲームを行うこともおすすめです。九九を習得したから，数えやすくなったことを子どもは実感できることでしょう。また，10枚以上カードを獲得すると九九を超える計算が出てきます。例えば，3×12などです。この場合は3×9と3×3の答えをたして考えるなど発展的に取り扱えます。

〈松井〉

◆九九（領域：数と計算）

2年 九九表パズル

ゲーム&クイズの手順

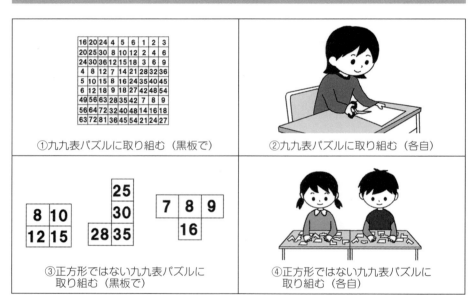

①九九表パズルに取り組む（黒板で）

②九九表パズルに取り組む（各自）

③正方形ではない九九表パズルに取り組む（黒板で）

④正方形ではない九九表パズルに取り組む（各自）

授業のねらい

　九九表は教科書でも単元末の小さな扱いとなっている教科書が多いです。しかし，かけ算のきまりを学ぶことができる，大変すぐれた数表です。九九表を分解し，パズルのピースにすることで子どもに「完成させたい」という欲求が生まれます。パズルゲームを繰り返すことで，かけ算九九のきまり発見の素地的体験をさせます。「なぜそこにあてはまると思うのですか」と問いかけましょう。「だって……」の後に続く言葉を価値づけます。

ゲーム＆クイズの実際

【準備物】 九九表パズル（提示用：2種類，配付用ワークシート：2種類）

①九九表パズルに取り組む（黒板で）

　黒板に九九表を提示し，教師はその九九表をハサミで切り分けます。3マス×3マスの正方形が9つです。正方形9つを，バラバラの状態で黒板に貼ります。指名した子どもに，もとの九九表に戻させます。

②九九表パズルに取り組む（各自）

　「やってみたい人？」と尋ねると，多くの子どもが手をあげるでしょう。そこで九九表ワークシートを1人1枚配付し，切らせます。切る線を太くしておくと切りやすくなります。九九表パズルに各自で取り組ませます。

③正方形ではない九九表パズルに取り組む（黒板で）

　2回戦。再度黒板に注目させます。新たに切りとったピースを順に見せ，九九表のどこにあてはまるか考えさせます。それらは，2マス×2マスの正方形や，テトリスのブロックのような形です。指名した子に黒板のパズルにあてはめさせ，そう思った理由を尋ねます。数に着目した，累加や累減の話をするでしょう。その言葉を価値づけます。

④正方形ではない九九表パズルに取り組む（各自）

　新しい九九表ワークシートをくばります。切りとる太い線をあらかじめ入れておくことで，ピースの形を指定します。座席の右列と左列で違うパズルにしておくと，交換して取り組むこともできます。

活動を次につなげるアドバイス

　最初は，子どもたちはパズルゲームを楽しむだけですが，その先にある「論理」を理解させ，語らせないといけません。「3の段は3ずつ増えているから」「6の段の隣が7の段だから」など，数の増え方や減り方に注目し，語らせることが重要です。かけ算の性質を実感的に理解させます。

〈木下〉

◆三角形と四角形（領域：図形）

2年 仲間わけゲーム

ゲーム&クイズの手順

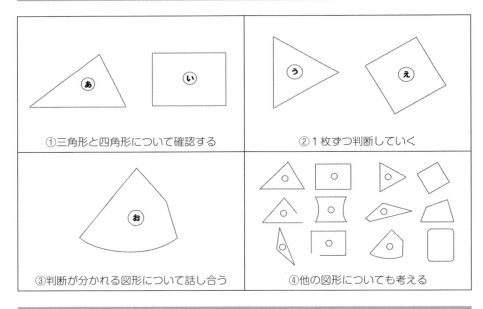

①三角形と四角形について確認する

②1枚ずつ判断していく

③判断が分かれる図形について話し合う

④他の図形についても考える

授業のねらい

　「3本の直線で囲まれている図形を三角形といいます」「4本の直線で囲まれている図形を四角形といいます」などと定義をおさえただけで，図形の概念が形成できるわけではありません。そこで，1つずつ図形を提示してどんな図形かを考えさせることで，三角形や四角形の定義についてよく考える機会を保障し，より豊かな図形の概念形成を図ることをねらいとした授業です。

ゲーム＆クイズの実際

【準備物】図形カード／ワークシート

①三角形と四角形について確認する

図形を１枚ずつ提示し，「三角形」か「四角形」か「どちらでもない形」かを判断させます。まずは，典型的な三角形と四角形を提示し，それぞれの定義について復習します。この時，定義は黒板に書いて残しておきます。

②１枚ずつ判断していく

あえて１枚ずつ提示していくことがポイントです。そして，だんだんと判断が難しい微妙な図形を提示していきます。

③判断が分かれる図形について話し合う

「直線」であること，「囲まれていること」が三角形や四角形の判断ポイントです。判断が分かれそうな図形については，全員でじっくりと立ち止まって考え，話し合います。この時，なぜそう判断したのか理由を確認することが大切です。理由を問うことで，三角形や四角形の定義を確認する必然性が生まれるのです。

④他の図形についても考える

たくさんの図形について考えることが，より豊かな概念形成につながります。例えば，ワークシートを使ってたくさんの図形について判断させ，その理由を書かせるのもよいでしょう。

活動を次につなげるアドバイス

「判断」だけで，三角形や四角形の概念形成が図れるわけではありません。授業後半には，「三角形や四角形をつくる」学習活動を入れるとよいでしょう。例えば，ドット図を使って，３点や４点を結んで，自由に三角形や四角形をかかせます。「判断」や「作図」で，三角形と四角形についての理解を深めていきます。

〈三野〉

◆体積(領域:測定)

2年 ちょうど20dLをつくろうゲーム

ゲーム&クイズの手順

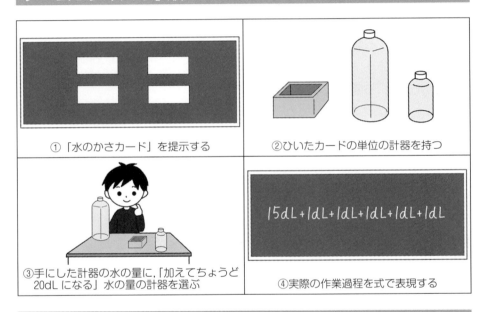

① 「水のかさカード」を提示する

② ひいたカードの単位の計器を持つ

③ 手にした計器の水の量に,「加えてちょうど20dLになる」水の量の計器を選ぶ

④ 実際の作業過程を式で表現する

授業のねらい

　この学習で子どもたちが苦労するのは,「加減計算」と「単位換算」の2つです。単元前半の測定する活動には意気揚々と取り組み理解したように見えますが,加減計算や単位換算になると困る姿を目にします。それならば,測定活動と式表現をセットで学ばせよう,という発想のゲームです。「わかった!」(測定)と「できた!」(加減計算・単位換算)をつなげます。

ゲーム＆クイズの実際

【準備物】水のかさカード（1dL：20枚，5dL：4枚，10dL：2枚，15dL：
1枚）／計器をそれぞれ複数個（1dLます，500mLペットボトル，
1Lます，1.5Lペットボトル，2Lペットボトル）／ろうと

①「水のかさカード」を提示する

裏返しにした「水のかさカード」4枚を黒板に貼っておきます。それぞれ，
1dL・5dL・10dL・15dLの4枚です。

②ひいたカードの単位の計器を持つ

指名した子にカードをひかせ，ひいたカードが1dLなら1dLます。5
dLなら500mLのペットボトル，10dLなら1Lます，15dLなら1.5Lのペッ
トボトルを持たせます。計器にはその量の水も入れておきます。

③手にした計器の水の量に，「加えてちょうど20dLになる」水の量の計器
を選ぶ

最初にひいたカード（手にした計器）が15dLだったら，20dLにする方法
は2つしかありません。5dLの計器を1つとるか，1dLの計器を5つとる
かです。最初にひいたカードが1dLだったら，20dLに至る方法はたくさん
考えられます。実際に計器を手にし，水を20dLます（2Lペットボトル）
に移し替えていきます。作業には「ろうと」を使うと便利です。

④実際の作業過程を式で表現する

最初にひいたカードが15dLで，あとは1dLを5つとって20dLにした場
合，式は「15dL＋1dL＋1dL＋1dL＋1dL＋1dL」となります。

活動を次につなげるアドバイス

最初の活動は子どもを指名し，演示させます。式表現まで全員にノートに
書かせます。次の活動からは，班ごとにさせます。互いにチェックさせ合い
ながら進めます。発展として，5dLを500mLとして異なる単位で扱います。
「1.5L＋500mL＝20dL」という式表現になります。　　　　　　〈木下〉

◆長さ（領域：測定）

2年 ちょうど1mを目指そうゲーム

ゲーム&クイズの手順

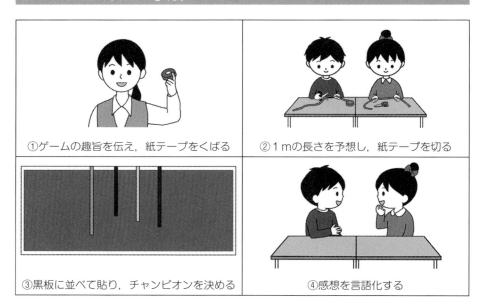

①ゲームの趣旨を伝え，紙テープをくばる
②1mの長さを予想し，紙テープを切る
③黒板に並べて貼り，チャンピオンを決める
④感想を言語化する

授業のねらい

　子どもたち一人ひとりに紙テープを切らせて，「ちょうど1m」をつくる活動です。1mといっても，子どもたちに量感は備わっていません。「これくらいが1m?」と根拠なく紙テープを切る子もいるでしょう。それでかまいません。大切なことは，子どもたち自身が1mという長さに意識を向けること。一人ひとりに考えさせる機会を与えると，正確な1mが提示された時に，「なるほどこれくらいの長さか」と実感を通した量感が得られます。

ゲーム＆クイズの実際

【準備物】紙テープ／ハサミ

①ゲームの趣旨を伝え，紙テープをくばる

1つの班に1巻き，紙テープをくばります。切る順番を決めさせます。

②1mの長さを予想し，紙テープを切る

一人ひとり順番に切ります。切った紙テープの長さを互いに比べないように，事前に指示しておきます。

③黒板に並べて貼り，チャンピオンを決める

切ってすぐ，黒板の前に持ってこさせます。教師が順に，セロハンテープで，黒板上部のふちに貼ります。後ではがしやすい場所です。

④感想を言語化する

「意外と1mって長かったです」「もう3cmたりないだけ，おしいです」など，発表し合って，感想を交流させ合います。

活動を次につなげるアドバイス

最後の感想タイムは重要です。「長さへの思い」こそが，子どもたちの量感を育てるからです。時間を確保できるならば，交流させたり，感想をノートに書かせたりするとさらによいでしょう。ゲームとしては「ちょうど1m」を求めますが，実際は誤差が5cmか10cmなどは重要ではありません。「1mはこれくらいかな」と意識しながら切ることに意味があります。

紙テープは班ごとに色分けしておくとわかりやすいです。「1班の人は，みんな1mに近い」などの感想が出るかもしれません。

〈木下〉

◆データ（領域：データの活用）

2年 クラスの友達のことをもっと知ろう

ゲーム＆クイズの手順

①「好きな教科」を予想する

②カードの間をあけて並べる

③カードの間をつめて並べる

④子どもの声をまとめる

授業のねらい

　子どもたちが「自己紹介カード」に書いた情報を分類整理して，「簡単なグラフ」で表したり読みとったりすることがねらいです。そのまま「クラスの友達のことを深く知る」活動につながります。仲間づくりの4月の時期にちょうどよいゲームです。無地カードを配付し，カードの中央に似顔絵と名前を書かせます。カードの4つの角にそれぞれ，❶好きな教科，❷好きなスポーツ，❸誕生月，❹住んでいる地域（町名）を書かせます。

ゲーム＆クイズの実際

【準備物】 自己紹介カード　1人1枚（裏面にマグネットシールを貼ると便利）

①「好きな教科」を予想する

黒板にクラス全員分の「自己紹介カード」をバラバラに貼っておきます。教師は「算数が好きな人は何人いると思いますか」と発問し予想させます。子どもたちの「カードを数えたらよいです」という声を待ちます。教師はわざと同じカードを2回数えるなどしてとぼけ，子どもの工夫を待ちます。

②カードの間をあけて並べる

「カードを並べたらよいと思います」という声を待ち，子どもに並べ替えさせます。「先生も手伝います」と言いながら，わざと算数だけ，カードとカードの間をあけて並べ，「算数は体育より多いですね」などととぼけます。

③カードの間をつめて並べる

「先生，カードの間はつめて並べないとダメです」という声に対して，「なぜですか」と問い返します。「だって，間をあけると正しく数えられません」や「間の幅を同じにすると高さで比べられます」などの声を引き出します。

④子どもの声をまとめる

わざととぼけた教師を説得しようと子どもたちが語る言葉は，そのままグラフの学習内容です。視覚的に比較できるよさを語らせ，価値づけます。

活動を次につなげるアドバイス

グラフのよさは，ひと目で項目の大小比較ができることです。しかし，数がわかりやすいのは表です。表のよさ，グラフのよさをそれぞれまとめます。自己紹介カードには他に「好きなスポーツ」「誕生月」「住んでいる地域」などの情報も書かれているので，次時に扱います。グラフの学習を深めながら，友達のこともどんどん知ることができる活動です。

〈木下〉

✚ ━ コ ラ ム ✖ ➗

どうやって考える？　ゲーム＆クイズ

　子どもたちはゲームが大好きです。いや，私たち大人も同じです。実際，世の中にはゲーム性のあるものがたくさんあります。例えば，コンビニで行われるスタンプラリー，来店時にスロットをしてポイントが獲得できるお店，アイドルグループのジャンケン大会，ダイエット応援アプリ……など，少し考えただけでもたくさんあります。これらに共通することは，「まず興味をもってもらえること」「目標が明確であること」です。算数の授業も同様です。まず，子どもたちが興味をもち，「やってみたい！と思えること」，そして「本時の目標が明確であること」は，学びを深めるための大きなポイントになるのです。

ゲーム＆クイズを考えるための３つのポイント

　ゲームを考えるといっても，「ゲームをつくる」わけではありません。算数の内容につながるように，**「ゲームにする」**という考え方が必要です。つまり，ちょっとしたアレンジでよいというわけです。そのためには次の３つがポイントになります。

①シンプルなゲームを！

　複雑なゲームはダメです。**シンプルなゲームで十分**です。例えば，「ジャンケン」や「くじ」などは，ルールも簡単で汎用性が高いです。そしてなにより……盛り上がります！　実際に，アイドルグループのジャンケン大会も，毎年すごい盛り上がりをみせていますよね。

②最初の３分で決まる！

　シンプルなゲームということに加えて大事なことは，「最初の３分」です。

長々とルール説明をしてはいけません。**ルールを簡潔に伝え，まずやってみる**のです。ここにゲームやクイズのよさがあります。長いルール説明がなくても，やってみればたいていわかるのです。やりながら説明するというのもよいでしょう。子どもたちが好きな家庭用ゲームも，スマホのアプリも，長い説明書は必要ないですよね。

③可視化が鍵！

　お店のスタンプラリーやダイエット応援アプリなどのよいところは，「今の状況が見える」ということです。可視化されていることで，モチベーションが上がるというよさがあります。算数の授業ではそれに加え，可視化することで，**本時の目標からぶれずに授業を進めたり，考えさせたいことを焦点化したりすることができる**というメリットが生まれます。さながら「協力プレイ」のような授業展開にすることも可能でしょう。

　以上が，ゲームやクイズを算数授業に取り入れる際の３つのポイントです。しかし，一番大切なことは，次のことです。

　ゲームの要素が，本来の授業のねらいと正しく関連づいているか？

　表面的なゲームの楽しさと，算数授業の本質を理解する楽しさは違います。あくまでも，**ゲームやクイズをきっかけにして算数授業のねらいを達成させたい**のです。つまり，上述の３つは，そのためのポイントなのです。

　本書では，どのページも算数授業のねらいを達成することを意識したゲーム＆クイズとなっています。本書を参考に，「シンプル」「短時間」「可視化」で，ゲーム＆クイズを行ってみませんか。

〈三野〉

3年 ◆大きい数（領域：数と計算）
漢字で書くと何文字？

ゲーム＆クイズの手順

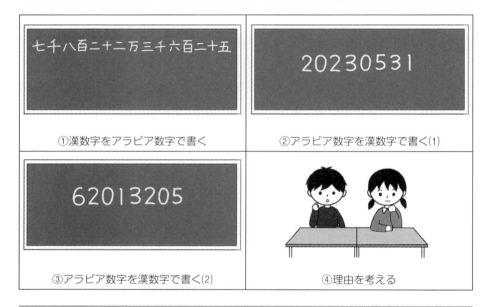

①漢数字をアラビア数字で書く　　②アラビア数字を漢数字で書く(1)

③アラビア数字を漢数字で書く(2)　④理由を考える

授業のねらい

　数の表し方については，「小学校学習指導要領解説　算数編」に次のような記述があります。「万を単位として，十万，百万，千万のように，十，百，千を用いて表せるようにする」

　「数字と漢数字の変換」をする活動をもとに，子どもたちが十進位取り記数法のよさや特徴を見出していくゲームです。

ゲーム＆クイズの実際

【準備物】 特になし

①漢数字をアラビア数字で書く

1問目は通常の問題です。黒板に，「七千八百二十二万三千六百二十五」と書きます。ノートにアラビア数字で書かせます。答えは，「78223625」。これは2問目以降のウォーミングアップです。

②アラビア数字を漢数字で書く(1)

2問目は，黒板に「20230531」と書きます。漢数字で答えるのですが，「ノートに答えを書く前に……。答えは，漢字の数はいくつで書けそうですか」と問います。「直感で答えてください。間違ってもOK」と伝え，ノートに予想を書かせます。ちなみに，第1問は漢字15個でした。それを根拠に考えてしまいますが，正答は，「漢字11個」です。（二千二十三万五百三十一）

③アラビア数字を漢数字で書く(2)

3問目も続きます。黒板に「62013205」と書き，漢字の数はいくつか予想させます。今回も正答は，「漢字11個」。（六千二百一万三千二百五）

④理由を考える

なぜ，いずれも8ケタの数なのに，漢数字では文字数が異なるのかを考えます。子どもたちが空位の「0」の存在に気づきます。「0は，漢字では表現しない！」

活動を次につなげるアドバイス

このゲームは，漢数字の学習というよりも，「十進位取り記数法」の特徴を学び直すことがねらいです。漢数字では表現しない空位（0）も，アラビア数字では表現するのです。「0の発見」についても子どもたちに指導できます。また，「80000000」（8ケタの数）が，漢数字だと「八千万」とたった3文字という違いもおもしろいでしょう。　　　　　　　　〈木下〉

◆暗算（領域：数と計算）

3年

今日のしかけは何だ？

ゲーム＆クイズの手順

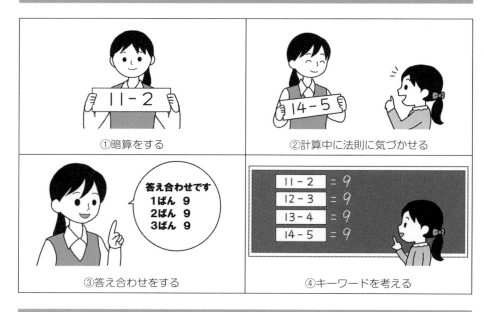

① 暗算をする　　　　　② 計算中に法則に気づかせる

③ 答え合わせをする　　④ キーワードを考える

授業のねらい

　20×3.14がすっと出てこない，12×2×3.14÷2を工夫しないで前から計算する，700÷2をひっ算でする……そんな高学年の姿を見て，低学年から計算や数に対する感覚を育てておく必要性を感じます。そこで算数授業の始め5分でできる，フラッシュカードによるゲーム感覚の暗算をおすすめします。不規則な計算式だと，子どもに苦手意識を植えつけてしまうので，楽しく，継続できる内容がよいでしょう。

ゲーム＆クイズの実際

【準備物】 フラッシュカード　20枚（以下のように答えや式に規則性があるもの）

例：たし算	例：ひき算	例：かけ算	例：わり算
24 ＋ 26	11 － 2	3 × 5	10 ÷ 2
30 ＋ 20	12 － 3	3 × 6	20 ÷ 2
27 ＋ 23	13 － 4	3 × 7	30 ÷ 2
11 ＋ 39	14 － 5	3 × 8	40 ÷ 2
15 ＋ 35	15 － 6	3 × 9	50 ÷ 2
18 ＋ 32	16 － 7	3 × 10	60 ÷ 2
40 ＋ 10	17 － 8	3 × 11	70 ÷ 2
5 ＋ 45	18 － 9	3 × 12	80 ÷ 2
36 ＋ 14	19 － 10	3 × 13	90 ÷ 2
⋮	⋮	⋮	⋮

①暗算をする

　解答用紙をくばり，フラッシュカードの式を暗算し，解答用紙に答えだけを書いていくように伝えます。

②計算中に法則に気づかせる

　計算途中で「あっ！」と気がつく子が出てきます。

③答え合わせをする

　20問取り組んだ後に，答え合わせをします。

④キーワードを考える

　今日の暗算キーワードを，子どもたちに発表させます。

活動を次につなげるアドバイス

　計算が苦手な子どもも，「何かしかけがある」と計算式１つだけでなく，全体の式や数を考える姿が見られます。そこから数の感覚を身につけるヒントを得てくれることを願っています。　　　　　　　　　　　　　　〈直海〉

◆量分数（領域：数と計算）

3年 $\frac{1}{4}$mをさがそう

ゲーム＆クイズの手順

①$\frac{1}{4}$mの長さのひもはどれなのか予想する

②$\frac{1}{4}$mと25cmは等しい長さであることを共有する

③長さの概念について共有する（ひもの太さ，色，材質などは関係ない）

④$\frac{1}{4}$mを4本つなげて1mをつくる

授業のねらい

　量分数という用語の指導は終え，加減計算に入る前の授業です。ねらいは2つあります。1つ目は分数のたし算の実感的な理解を促すことです。「$\frac{1}{4}$＋$\frac{1}{4}$＋$\frac{1}{4}$＋$\frac{1}{4}$＝1」のイメージをもたせます。2つ目は量分数の意味を理解させることです。具体的には，「基準の1」がゆるがない量（確定している量）」の時だけ，$\frac{1}{4}$などの分数に単位をつけて表現することができることです。（$\frac{1}{4}$mは量分数ですが，$\frac{1}{4}$枚という表現は量分数ではありません）

60

ゲーム＆クイズの実際

【準備物】 提示用のひも（25cm：複数本，25cm 以外の長さ：複数本）

①$\frac{1}{4}$m の長さのひもはどれなのか予想する

黒板に，麻ひも，ロープ，リボンなど太さの異なるものをいくつか掲示します。$\frac{1}{4}$m の長さのひもはどれか問いかけ，予想を書かせます。その時，細いひもと太いリボン，どちらも$\frac{1}{4}$m になるように設定しておきます。

②$\frac{1}{4}$m と25cm は等しい長さであることを共有する

$\frac{1}{4}$m を調べる方法を問いかけます。「$\frac{1}{4}$mは１mを４等分したものの１つ分。だから25cm」という言葉を引き出し，$\frac{1}{4}$mは25cm であることをクラスで共有します。30cm 定規を使えば黒板から$\frac{1}{4}$m のひもを見つけることができます。

③長さの概念について共有する（ひもの太さ，色，材質などは関係ない）

細いひも$\frac{1}{4}$mと太いリボン$\frac{1}{4}$mは，同じ長さに見えません。その理由を考えさせます。太さは関係ないことを共有します。材質や色，ひもの種類も「長さの測定」には関係ありません。

④$\frac{1}{4}$m を４本つなげて１mをつくる

異なる種類のひも$\frac{1}{4}$m を４本つなげます。あわせて何mになるのか問いかけます。１m定規で確認します。式表現もおさえます。「$\frac{1}{4}$m＋$\frac{1}{4}$m＋$\frac{1}{4}$m＋$\frac{1}{4}$m ＝ １m」と式表現してよいことを指導します。

活動を次につなげるアドバイス

ピザ$\frac{1}{4}$枚を４枚たしても，ぴったり１枚にならないことがあります。もとの１枚が違う大きさの場合があるからです。ピザの$\frac{1}{4}$は割合を表す分数です。日常生活では「$\frac{1}{4}$枚」と言いそうですが，量分数の表現ではありません。４つたすともとの１に戻る$\frac{1}{4}$をさがします。$\frac{1}{4}$L，$\frac{1}{4}$時間，$\frac{1}{4}$kgなどが見つかります。「４つたすともとの１に戻る$\frac{1}{4}$は，たし算の計算をしてもよい」ことを伝えます。

〈木下〉

3年

◆おもしろい計算（領域：数と計算）

999×□

ゲーム＆クイズの手順

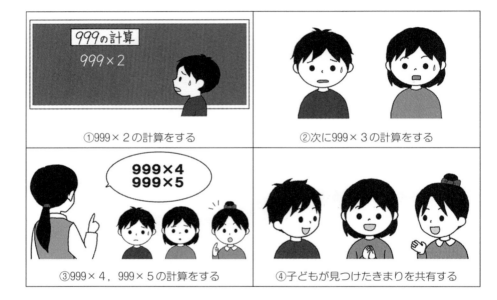

① 999×2の計算をする
② 次に999×3の計算をする
③ 999×4，999×5の計算をする
④ 子どもが見つけたきまりを共有する

授業のねらい

　999×□はくり上がりが多くとても難しそうです。けれど□の中に1から順番に数字を入れていくと，答えにきまりが見えてきます。3ケタ×1ケタのひっ算の練習を楽しくし，数のきまりを帰納的に考えることをねらいます。

ゲーム＆クイズの実際

【準備物】 時間を短縮したい場合は式を書いたワークシート

①999×2の計算をする

「ひっ算の練習をします。ちょっと難しい数字ですよ。999のかけ算です」と黒板に999×2と書いてノートにひっ算で計算させます。

子どもたちは「えー，999！ 難しいなぁ」「くり上がりがたくさんあるな」としぶしぶ取りかかるでしょう。しかし気にせず続けましょう。答え合わせをし，計算間違いがないか確認しましょう。

②次に999×3の計算をする

黒板に次の式を書き，ひっ算で計算させましょう。

③999×4，999×5の計算をする

「まだするのー？」という後ろ向きな声の中から「あれ？」という声が聞こえるでしょう。その声をひろい，答えにきまりがあることへ広げましょう。

④子どもが見つけたきまりを共有する

積のきまりを見つけたら，999×1や999×11へ広げましょう。

活動を次につなげるアドバイス

答えを比べやすいように並べて板書すると効果的です。

$999 \times 1 = 999$

$999 \times 2 = 1998$

$\vdots$

$999 \times 9 = 8991$

$999 \times 10 = 9990$

$999 \times 11 = ?$

×11の答えを帰納的に予想させ，3ケタ×2ケタへつなげます。

〈直海〉

学年別 算数ゲーム＆クイズ60 63

◆わり算（領域：数と計算）

3年 幸せな人を増やそう

ゲーム&クイズの手順

① □÷3の式の□に入れる数を考える

② 3でわりきれる数をどんどん発表し，黒板に書いていく

③ 3の段の九九以上の数を考える

④ 3でわりきれる数の秘密を知る

授業のねらい

　子どもが主体的に2ケタ÷1ケタや3ケタ÷1ケタのわり算に取り組むことをねらったゲームです。それぞれのケタの数をたして3の倍数（3の段の九九の答え）になれば，2ケタでも3ケタでも3でわりきれるのかな？とたしかめてみたくなるでしょう。

ゲーム＆クイズの実際

【準備物】 特になし（３でわりきれるか，わりきれないか教師が瞬時に判断
していることが強調できるブザーなどの効果音があれば盛り上がります）

①□÷３の式の□に入れる数を考える

「□個のケーキを３個ずつ分けます。何人が食べられるかな？」

上のように黒板に書いて，「□にどんな数字を入れたらよいですか？　考えましょう」と問いかけます。

②３でわりきれる数をどんどん発表し，黒板に書いていく

３の段の九九の範囲から発表してくると予想されますが，あまりが出てもよしとします。黒板に式と答えをどんどん書いていきます。その際，３でわりきれるとピンポーン，３でわりきれないとブブーという効果音を出すと，３でわりきれる数を考えるようになるでしょう。

③３の段の九九以上の数を考える

もっと大きな数を考える時，30の倍数や３ずつ，６ずつ増えるなどきまりを考えるでしょう。

④３でわりきれる数の秘密を知る

教師が３でわりきれるかわりきれないかを，実はたし算で判断していることを伝えます。例えば，87だと $8 + 7 = 15$（３の倍数）だから３でわりきれると判断できます。

活動を次につなげるアドバイス

秘密をたしかめるため，今まで学習した数の範囲を超えてわり算をする必要感を引き出します。３ケタでも秘密が通用するかどうか考えることによって３ケタ÷１ケタのわり算に主体的に取り組むことができるでしょう。

〈直海〉

◆あまりのあるわり算（領域：数と計算）

3年 運だめし！
あまりが3になったら運がよい

ゲーム＆クイズの手順

授業のねらい

「あまりの数は，除数より小さい」という学習があります（例：27÷4＝6あまり3だから，4＞3）。子どもたちも授業では理解したように見えますが，練習問題やテストでは「27÷4＝5あまり7」などと誤答する子どももいます。子ども自身も，授業では「わかったつもり」でも，きちんとたしかめないと「実はわかっていない自分」に気づけません。計算カードゲームを通してわり算のイメージを深めさせて実感的な理解を促します。

ゲーム＆クイズの実際

【準備物】わり算の式を書いたカード（黒板提示用）　3枚

①運だめしゲームのルールを伝える

次のように伝えます。「裏返しのカードを先生がめくります。わり算の式が書いてあります。あまりが3になったら，運がよいというくじです」

1枚目は先生の運，2枚目は男子の運，3枚目は女子の運とします。

②1枚目と2枚目をめくる

1枚目は，「$21 \div 9 = 2$ あまり□」です。商の「2」まで書いておくことで，子どもたちにとっては，計算をリードしてもらえることになります。あまりが「3」であることが容易にわかります。2枚目の「$18 \div 5 = 3$ あまり□」をめくるとすぐに男子から「やった〜」という声があがります。やはりあまりは「3」です。

③3枚目をめくる

いよいよしかけの3枚目。カードは，「$27 \div 4 = 5$ あまり□」です。頭の中で計算し，あまりは「7」。しかし，少したつとざわめきが起き，「なんだか変だぞ」という空気が次第に広がります。商の「5」が間違いなのです。

④カードが間違っている理由を説明する

本時のめあてを子どもたちの問いから引き出しました。「$27 \div 4$ の答えが，5あまり7ではない理由を説明しよう」です。ノートに書いて考えさせます。アレイ図や，九九の4の段などで考えたアイデアをクラスで共有します。

活動を次につなげるアドバイス

④が重要です。本時の学習内容は，難易度は高くありません。しかし，アレイ図での説明や，九九の4の段での説明（27は $4 \times 6 = 24$ と $4 \times 7 = 28$ の間にある）等を交流することで学びが深まります。説明力を高めたい時は，クラスの多くが理解できるような内容で，子どもたちが前のめりに説明したくなる教材であることがポイントです。　　　　　　〈木下〉

◆四角形（領域：図形）

3年 これって四角形？

ゲーム&クイズの手順

授業のねらい

　同じ種類の三角定規を2つ使って四角形をつくるゲームです。まず，何種類つくれるか考えます。5種類の四角形はすぐに見つけることができますが，もう1種類の四角形は「これって四角形といえるのかな？」と疑問が出るでしょう。そこで四角形とはどんな形であったか2年生で習った定義を確認します。四角形の定義，「4つの直線に囲まれた形」に基づくと，四角形と判断することができることを伝え，定義のよさを実感させましょう。

ゲーム&クイズの実際

【準備物】三角定規（子ども用・掲示用）

①課題を知らせる

「同じ種類の三角定規2つで四角形をつくります。何種類つくれるかな？」と課題を与えます。隣の人とペアで考えてもよいでしょう。

②5種類の四角形を確認し，もう1種類できることを伝える

できた5種類の四角形を確認し，もう1種類できることを伝えます。

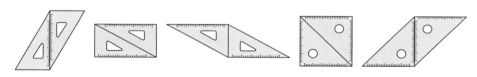

③6種類目の形を四角形といえるのかを考える

子どもたちの中から「でこぼこしている」「とがっている」などを理由に四角形ではないという声が出ると考えられます。そこで四角形とはどんな形であったかを問います。

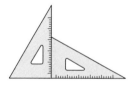

④四角形の定義に基づき，四角形といえることを確認する

2年生で習った「4つの直線に囲まれた形」という四角形の定義を確認し，四角形であることを確認します。

活動を次につなげるアドバイス

三角形の定義，四角形の定義は2年生で学習します。しかし，「三角形とはどんな形ですか」と問うと高学年でも「辺が3つある形」や「角が3つある形」など構成要素だけで形を説明する子どもが多いです。このような活動を通じ，それぞれの定義を確実におさえ，4年生の図形の学習につなげていくことが望ましいのです。

〈直海〉

◆重さ（領域：測定）

3年 赤ちゃんの私をだっこする

ゲーム＆クイズの手順

① 「生まれた時の重さ」が書かれた用紙をくばる

② 「生まれた時の私の重さ」を予想して袋に砂をつめる

③ はかりで計測し，砂を増減させて「生まれた時の私の重さ」をつくる

④ 「生まれた時の私」をだっこし愛おしむ（豊かな量感をつくるために）

授業のねらい

　重さは目に見えない量です。重さに対する豊かな量感を育むことをねらいます。発展的な扱いとしてこの活動を設けます。「赤ちゃんの体重ってこれくらい」と，数値と対応させながら，量感を養います。また，活動の途中では，はかりの目盛りを見つめながら砂を増やしたり減らしたりして，微妙な数値を扱います。目的意識をもって重さにこだわる姿を求めます。

ゲーム＆クイズの実際

【準備物】「生まれた時の重さ」が書かれた用紙（事前に保護者に依頼）
　　　　砂袋　人数分／はかり　班に１台程度

①「生まれた時の重さ」が書かれた用紙をくばる

　子どもたちにないしょで保護者に依頼しておきます。

　封筒をくばり，開封すると，「○○ｇ」と重さだけが用紙に書かれています。「実は，あなたが生まれた時の重さです」と教師は伝えます。

　おどろきや歓声があがるでしょう。

②「生まれた時の私の重さ」を予想して袋に砂をつめる

　教室で砂袋を配付したら，校庭の砂場に向かいます。「はかりを使わず予想して，生まれた時の重さをつくってごらん」と指示します。後ほどはかりでたしかめると，予想と実際の隔たりを実感します。

③はかりで計測し，砂を増減させて「生まれた時の私の重さ」をつくる

　正しい重さをつくります。スコップで砂を入れていた子どもたちが，いつの間にか素手で活動していることでしょう。はかりの目盛りを見つめ，微妙な数値にこだわりながら砂を増減させます。重さへのこだわりをもたせます。

④「生まれた時の私」をだっこし愛おしむ（豊かな量感をつくるために）

　目盛りの数値が「生まれた時の私の重さ」と一致した瞬間は歓声があがります。重さを愛おしみながらだき続けます。友達と交換してだっこする姿も見られます。

活動を次につなげるアドバイス

　次時は，砂袋をだっこしながら自分の体重をはかる活動をします。「生まれた時の体重＋今の体重」の式が成り立つのかたしかめます。事前指導のポイントは，「着衣分を考えておくこと」と「誤差」の２点です。結果の数値は，納得できる範囲になるでしょう。デジタル体重計の使用がおすすめです。

〈木下〉

◆長さ(領域:測定)

3年 長さカルタ

ゲーム&クイズの手順

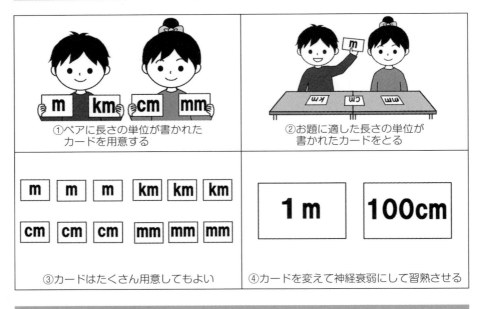

① ペアに長さの単位が書かれたカードを用意する

② お題に適した長さの単位が書かれたカードをとる

③ カードはたくさん用意してもよい

④ カードを変えて神経衰弱にして習熟させる

授業のねらい

　内容を2年生までの復習にすれば導入に，kmの学習を終えてから，kmの内容も増やせば習熟にも使えるゲームです。練習問題だけでは，なかなか長さの感覚は養われません。毎授業始めに行えば，よく身につくこと間違いなしです。

ゲーム＆クイズの実際

【準備物】 長さの単位が書かれたカード

　　　　　1 m・100cm など違う単位で同じ数量を表している神経衰弱に使えるカード

①ペアに長さの単位が書かれたカードを用意する

　2年生までの復習で使うなら，単位は mm，cm，m の3種類を用意します。km を習ってから，km のカードを増やせばよいでしょう。

②お題に適した長さの単位が書かれたカードをとる

　「プールの長さは？」なら答えの m のカードをとれば勝ちです。他は，「教科書の縦の長さ」「米粒の長さ」少し難しめの「学校から駅までの距離」など，学校によっては，km だったりmだったりしますが，間違える問題も入れておくと盛り上がるでしょう。

③カードはたくさん用意してもよい

　カードが4枚では，とれない子もいるかもしれません。子どもの実態によっては，カードを複数枚用意して，最後の問題だけ競わせてもよいでしょう。

④カードを変えて神経衰弱にして習熟させる

　カードを神経衰弱版に変えて，力を伸長させましょう。慣れてきたら2cm と20mm なども入れるとよいですね。

活動を次につなげるアドバイス

　簡単にできるゲームですから，授業の始めの5分で毎回行わせてもよいです。少しずつカードを増やして難易度を上げれば，子どもも飽きることなく取り組めます。単元の最後は，子どもがカードをつくるとさらに習熟できるでしょう。

〈松井〉

◆データ（領域：データの活用）

3年 どれが正しい棒グラフ？

ゲーム＆クイズの手順

① 「クラスの子どもが住む地域」の表を提示する

② 表と合致する，正しい棒グラフを選ぶ

③ 棒グラフが3つともすべて正しい理由を考える

④ どのグラフがかきやすいか判断する

授業のねらい

　「データの活用」は新領域です。これまでも「1目盛りの数値が異なる棒グラフ」は扱われてきました。新領域では，その意味を語り意図をもってグラフを選ぶ姿まで求めたいです。表題は「3年○組の子どもが住む地域」です。項目と数値は，例えば「北町14人・南町7人・東町6人・西町6人・中町1人・合計34人」とします。これを表した3つの棒グラフから選ばせます。1目盛りの数値がそれぞれ，「1人・2人・5人」と異なります。

ゲーム＆クイズの実際

【準備物】提示するパワーポイントのデータ（表・３種類の棒グラフをスライド化したもの）

配付用ワークシート（３種類の棒グラフを印刷したもの）

①「クラスの子どもが住む地域」の表を提示する

まず，数値は空欄で提示します。項目（町名）を見て，「ぼくたちの住む町？」と子どもが動き始めます。次に，数値を入れます。合計人数は34人。本クラスと合致することをたしかめます。表題も伝えます。

②表と合致する，正しい棒グラフを選ぶ

「３つの棒グラフがあります。正しいものはどれでしょう」と発問し，順に見せます。「もう一度見せてください」とお願いされるでしょう。見たい気持ちを高めてワークシートを配付すると棒グラフの読解が始まります。

③棒グラフが３つともすべて正しい理由を考える

グラフの目盛りの数値は０以外空欄にしておき３つのグラフがすべて正しい理由を語らせます。「どのグラフも北町は南町の２倍」「東町と西町は同じ高さ」等，視覚的に比較できる特徴を活用して説明するでしょう。最後に教師が棒グラフに数値を入れ「３つのグラフは同じ」であることを納得させます。

④どのグラフがかきやすいか判断する

「ノートにかくならばどのグラフを選びますか」と発問すると，ほとんどが１目盛りが１人の棒グラフを選びます。なぜそのグラフを選んだ人が多いのか問います。「ひと目で棒の高さの差がわかりやすい」ことに気づきます。

活動を次につなげるアドバイス

この授業だけでは「棒グラフは１目盛りが１がいい」という短絡的な理解で終わります。次時は，学年100人全員分の棒グラフを３つ提示して選ばせます。今度は人数が多いので「１目盛りが１人」では表現できなくなります。目盛りの数値はデータによって選ぶ必要があることを実感させます。〈木下〉

◆分数（領域：数と計算）

ジャンケン大会をしよう

ゲーム＆クイズの手順

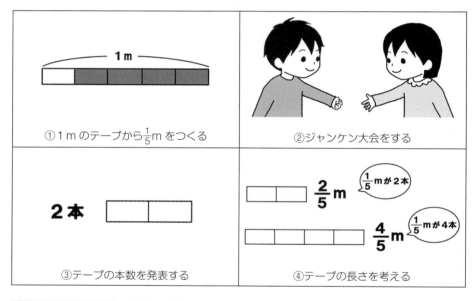

① 1mのテープから $\frac{1}{5}$ mをつくる

② ジャンケン大会をする

③ テープの本数を発表する

④ テープの長さを考える

$\frac{2}{5}$ m　$\frac{1}{5}$ mが2本

$\frac{4}{5}$ m　$\frac{1}{5}$ mが4本

授業のねらい

　高学年になると，分数の学習に苦手意識をもつ子どもが増えてきます。そうならないように，また5年生の学習につながるように，単位分数の考えをおさえた本質的な学習を行いたいものです。
　このゲームは，単位分数の考えを学ぶことができる，単元の導入に適したゲームです。

ゲーム＆クイズの実際

【準備物】 1mのテープ　人数分／$\frac{1}{5}$mのテープ

①1mのテープから$\frac{1}{5}$mをつくる

$\frac{1}{5}$mを子どもたちにつくらせることから授業をスタートします。この時，1mをもとにしてつくることが大切だとおさえておきましょう。これで，$\frac{1}{5}$mが5つ分できます。これが始めの自分の持ち分です。

②ジャンケン大会をする

全部で5回行います。勝ったら相手から1本もらい，負けたら相手に1本渡します。みんなの前で一度，手本を示すとよいでしょう。

③テープの本数を発表する

「まだ，自分の本数はないしょだよ。今からチャンピオンを決めよう。ラッキー本数もあるからあきらめないでね」と伝え，0本から順に発表していきます。

④テープの長さを考える

「$\frac{1}{5}$mが2本の時は，何mといえるかな？」と問いながら，長さについて考えます。$\frac{2}{5}$m，$\frac{3}{5}$mなどの真分数は既習事項です。これをもとに，仮分数表記について全体で考えます。

活動を次につなげるアドバイス

例えば，ラッキー本数を設定して，最後に伝えるようにすることで，全勝できなくてもチャンスがあることを伝えると，最後まで意欲が継続します。また，仮分数を扱う場面ですが，「1mと$\frac{1}{5}$m」のように帯分数で表現する子どももいることでしょう。仮分数と帯分数の関係についておさえるチャンスになります。

〈三野〉

◆小数倍（領域：数と計算）

4年 「2倍の関係になっていたら運がよい」ゲーム

ゲーム&クイズの手順

①通学時間カードで2倍の関係を見つけさせる

②0.5倍になるように教師がしくむ

③0.5倍の意味を検討する

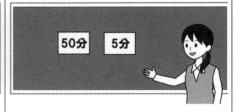

④0.1倍の意味を検討する

授業のねらい

　子どもたちの通学時間を題材にします。通学時間を記した子どもの人数分のカードを黒板に掲示します。□□分が□□分の2倍ならば運がよいという空欄に子どもの通学時間カードをあてはめるのです。60分と30分ならば，60÷30と立式もさせます。この場合，2倍に認定。このゲームを通して0.5倍や0.1倍という1よりも小さい小数（純小数）の倍の世界の意味を子どもたちが拓きます。第5学年「割合」にもスムーズに接続できます。

ゲーム＆クイズの実際

【準備物】 子どもの通学時間を書いたカード（掲示用）

①通学時間カードで２倍の関係を見つけさせる

　カードに仕込みをしておきます。カードが裏返しでも，教師には数がわかるように置きます。５分刻みにしておくと計算しやすくてよいでしょう。

②0.5倍になるように教師がしくむ

　子どもに１枚カード（例：20分）をひかせたら教師も１枚カード（例：10分か40分）をひきます。意図的に２倍の関係のペアをつくります。

③0.5倍の意味を検討する

　例えば，60分と30分というカード２枚を，教師があえて30÷60という式になるように配置します。「逆だったら２倍なのに……」と投げかけることで，「計算できます！」という子どもの声を待ちます。0.5倍のイメージを図を用いて深めます。「$\frac{1}{2}$倍」や「半分」などのキーワードを引き出します。

④0.1倍の意味を検討する

　「0.5倍は半分」と共有したところで，「0.5倍の関係になる２つの通学時間を書きましょう」と全員にカードをくばり，書かせます。カードをすべて回収し，選んだ何枚かを掲示します。その中に，50分と５分など，教師がつくった仕込みのカードもこっそり忍ばせておき，一緒に掲示するのです。

活動を次につなげるアドバイス

　④で，様々な0.5倍の関係を確認した後，わざと0.1倍の関係のカードを教師が忍ばせました。これは，純小数の倍の，一般化を図るという意図です。次時は，1.5倍や2.4倍など帯小数を扱い，小数倍の世界を拡張させます。

〈木下〉

◆がい数の計算（領域：数と計算）

目指せ10万円ゲーム

ゲーム＆クイズの手順

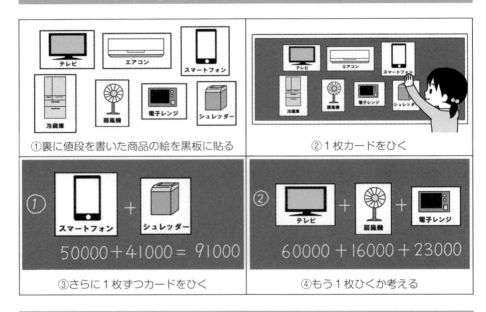

①裏に値段を書いた商品の絵を黒板に貼る
②１枚カードをひく
③さらに１枚ずつカードをひく
④もう１枚ひくか考える

授業のねらい

　がい数についての計算を学ぶ「がい算」の学習は，目的意識をもって行うことが大切です。そこでおすすめなのが，この「目指せ10万円ゲーム」です。このゲームを行うことで，子どもたちが目的意識をもって，意欲的にがい算をする姿が見られます。大逆転も起きる楽しいゲームで，参観日にもおすすめです。

ゲーム＆クイズの実際

【準備物】 裏に値段を書いた商品の絵（テレビ，扇風機，エアコンなど）

①裏に値段を書いた商品の絵を黒板に貼る

　班対抗のゲームです。どんな商品があるか伝えて，黒板にカードを貼ります。ルールは次の通りです。

・1班ずつカードを選ぶ。

・10万円に近くなった班の勝ち。ただし，10万円をこえたらドボン（負け）。

・カードは何枚ひいてもよい。ストップもあり。

②1枚カードをひく

　まず，1班ずつ，1枚カードを選んでもらいます。「出たものの値段はおよそ何万何千円かな？」と問い，がい数の復習を行うとよいでしょう。

③さらに1枚ずつカードをひく

　いよいよがい算です。例えば，1枚目「テレビ　59800円」，2枚目「扇風機　15800円」と出た場合は，約60000円＋約16000円で，約76000円となります。

④もう1枚ひくか考える

　ここが楽しい時間です。相手との兼ね合いで判断することになります。「あと，だいたい10000円くらいのものだと10万円に近くなるよ」などの声があがることでしょう。この思考がすでにがい算を行っているのです。

活動を次につなげるアドバイス

　1回戦の上位2班で決勝戦を行うと盛り上がります。ゲームをしているのは2班ですが，それを見ているみんなが，頭の中でがい算を始めます。盛り上がりますよ。

〈三野〉

学年別　算数ゲーム＆クイズ60　　81

◆面積（領域：図形）

9マス分の図形をつくろう

ゲーム＆クイズの手順

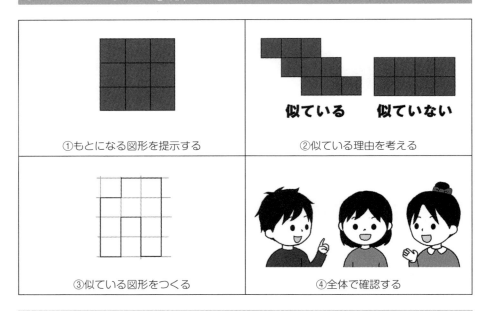

①もとになる図形を提示する

②似ている理由を考える

③似ている図形をつくる

④全体で確認する

授業のねらい

　この授業は，「図形は移動しても面積は変わらない」という等積変形の原理を見出すことをねらいとした授業です。等積変形の原理は，後の様々な図形の求積に生かされ，今後の面積の学習をより深く理解することにつながります。本授業は，単元導入で行うことも可能です。面積を習っていないからこそ，子どもの豊かな発想が生まれることでしょう。

ゲーム&クイズの実際

【準備物】方眼用紙／提示する図形

①もとになる図形を提示する

　方眼9マス分に色がついた正方形を提示します。「この図形と似ている図形をつくろう」というのが本時の課題です。

②似ている理由を考える

　「似ている」といっても様々な観点があります。そこで，似ている図形と似ていない図形の2つを提示しその理由を子どもに考えさせます。ここでは「9マスでできているから似ているんだ」という考え方を共有します。

③似ている図形をつくる

　方眼用紙をくばり，作図開始です。「キリンのような形」「凧のような形」など様々な図形がつくられることでしょう。

④全体で確認する

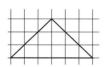

　子どもがつくっている形をよく見ておき，全体で話し合わせることでさらに見方が広がる図形を選んでおきます。例えば，右図のような三角形を選ぶとよいでしょう。「これは，本当に似ているのかな？」と全体で話し合うことで，移動させれば9マスになることを確認することができます。まさに，等積変形についての考え方です。これが共有されることで，斜線が使えるようになったり，方眼にこだわりすぎなくなったりして，さらに豊かな図形を作図することができるようになるでしょう。

活動を次につなげるアドバイス

　全体で確認した後がポイントです。「こんな図形もできるんだ！」と視野が広くなることで，さらに豊かで発展的な図形をつくることができるようになるからです。図形をつくったり，それらが本当に9マス分か考えたりすること自体が，等積変形について考えることになるのです。〈三野〉

◆四角形（領域：図形）

似ている？　似ていない？

ゲーム＆クイズの手順

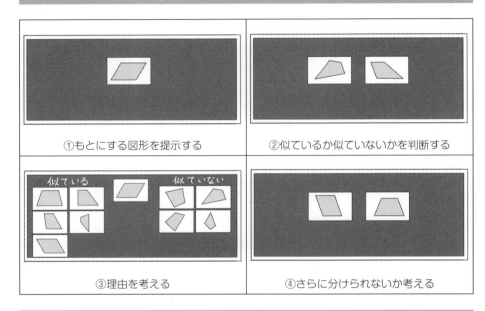

①もとにする図形を提示する
②似ているか似ていないかを判断する
③理由を考える
④さらに分けられないか考える

授業のねらい

　四角形の仲間分けは，「辺」に着目して考えさせることが大切です。そこで，仲間分けゲームを通して「辺」に着目させ，「平行な辺の組」があるかどうかで，四角形を仲間分けさせます。さらに，平行な辺の組の数によって，台形と平行四辺形に分けることができることを理解できるようにすることがねらいです。

ゲーム＆クイズの実際

【準備物】提示する図形

①もとにする図形を提示する

　黒板の真ん中あたりに，判断のもとにする図形を貼ります。その後，簡単にルールを説明しましょう。

　「この図形と似ているか似ていないかを考えてね。理由がわかっても，みんなに考えてほしいので，まだ言ったらだめだよ」

②似ているか似ていないかを判断する

　１つずつ図形を提示し，「似ている」か「似ていない」かを判断させます。挙手させるとよいでしょう。始めはわからなくても，だんだんと分類の根拠がわかってきます。

③理由を考える

　判断が分かれそうな微妙なものを用意しておくとよいでしょう。例えば，「向かい合う辺が，よく見ると平行になっていない四角形」などは，判断が分かれます。

④さらに分けられないか考える

　「似ている」に分類される図形は「平行な辺の組がある」ものです。これをさらに分けることで平行四辺形と台形についての理解を深めましょう。

活動を次につなげるアドバイス

　考えさせることと，教えることを明確にしておくことがポイントです。ここでは，台形や平行四辺形の定義については，教科書を活用しながらしっかりと教えましょう。

〈三野〉

◆角度（領域：図形）

三角定規で角度をつくろう

ゲーム＆クイズの手順

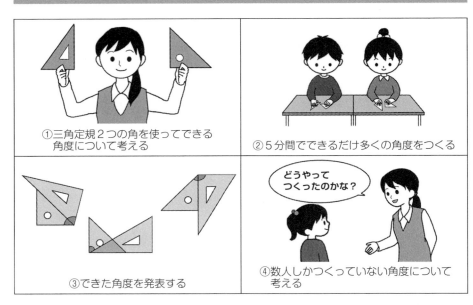

①三角定規2つの角を使ってできる角度について考える

②5分間でできるだけ多くの角度をつくる

③できた角度を発表する

④数人しかつくっていない角度について考える

授業のねらい

　三角定規2つで角度をつくります。15°，30°，45°，60°，75°，90°，105°，120°，135°，150°，165°がつくれます。

　2つの定規の角度をたしたものを考えてから，2つの定規を重ねて1つの角度をひいたものを考えていくとよいでしょう。三角形の角度や一直線180°についての理解につながります。

ゲーム＆クイズの実際

【準備物】三角定規　1人1セット
　　　　　掲示用三角定規（画用紙などでつくったものを用意できるとよい）

①三角定規2つの角を使ってできる角度について考える

「三角定規2つで角度をつくります。時間は5分です。何種類つくれるかな？」
と問いかけます。はじめの1つは例としてあげるとよいでしょう。

②5分間でできるだけ多くの角度をつくる

つくった角度はノートに記録させましょう。

③できた角度を発表する

つくった角度を発表させます。その際，まず角度だけ聞いて，どのような組み合わせでつくったか考えさせるとよいでしょう。

④数人しかつくっていない角度について考える

自分が考えていない角度について，どのようにつくったか考えます。

活動を次につなげるアドバイス

一直線180°を利用する角度について考えると，5年生の三角形の内角の和につながります。

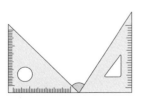 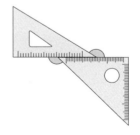

〈直海〉

◆四角形（領域：図形）

対角線の長さが□cmと□cmの四角形をつくろう

ゲーム＆クイズの手順

①数字カードをひく

②対角線が□cmと□cmの長方形をかく

③対角線が□cmと□cmのひし形をかく

④ひし形の対角線は中点で交わるという性質を学ぶ

授業のねらい

「対角線の長さが□cmと□cmの四角形をつくろう」と子どもたちに投げかけます。裏返しにした数字カード（2，4，6，8）をひかせて対角線の長さを決めます（例：4のカードと8のカード）。まず，長方形をかかせると，この条件では長方形はかけないことに気づきます。必ず対角線の長さが等しいからです。「4cmと8cmでもひし形ならばできそうです」という声を引き出し，四角形の性質（対角線）のまとめにつなげます。

ゲーム＆クイズの実際

【準備物】 数字カード　4枚（2，4，6，8）／黒板に図形を提示するための画用紙／書画カメラ／ペン

①数字カードをひく

裏返しにした数字カード4枚（2，4，6，8）を黒板に貼り，2枚を子どもにひかせます（例：4のカードと8のカード）。「対角線の長さが□cmと□cmの四角形をつくろう」の空欄の数が決まります。

②対角線が□cmと□cmの長方形をかく

まずは，長方形ができるかノートにかいてたしかめさせます。長方形はかけないという経験から，「長方形の対角線の長さは等しい」という性質を学びます。「4cmと8cmのひし形だったら」という声を引き出します。

③対角線が□cmと□cmのひし形をかく

ノートを使って，対角線の長さが4cmと8cmのひし形がかけるかたしかめさせます。子どもたちは「できました！」と言いますが，教師は「なぜそれがひし形だといえますか」と問います。「辺の長さがすべて等しい」と定義を再確認させます。

④ひし形の対角線は中点で交わるという性質を学ぶ

教師がひし形を黒板に写しとる際，とぼけて対角線をずらします。直交しているものの，対角線の片方だけを中点からずらします（凧形）。「ひし形の対角線は中点で交わる」という性質を学びます。

活動を次につなげるアドバイス

本授業では，偶然の数値（4と8）のみで実験しました。次時では，対角線の長さを変えることで，本授業で明らかになったことを一般化させます。対角線を直交させていたのでひし形になりました。交わる角度をずらすと，ひし形はできません。平行四辺形の性質を学ぶことができます。

〈木下〉

◆変わり方（領域：変化と関係）

変身ペアクイズ

ゲーム＆クイズの手順

授業のねらい

　表を一度に見せるのではなく，独立変数とそれに対応する従属変数を1つ1つ見せることで，従属変数に着目させ，きまりを見つけようという姿勢を促します。

ゲーム&クイズの実際

【準備物】 数種類の伴って変わる量を書いた紙

①上下に数字が書かれた紙を用意する

「今から見せる数字は，一方が変わればもう一方も変わるきまりをもった
ペアの数です。どんなきまりか，わかるかな」

そう言って多くは説明せずに数字を見せていきます。

②上の数字を見せてから下の数字を見せる

上下に伴って変わる数量を書いておいて，半分に折ります。まずは，子ど
もに上の数字である1を見せます。「1のペアは……」そう言いながら，折
り曲げていたカードを戻し，ペアの数を見せます。「1のペアは9です」。同
じように，「2のペアは……8」「3のペアは……7」と次々と見せます。

③子どもがきまりを見つける

何も言わなくても，自然と子どもは考え始めます。「次は，4と6だと思
う」と言う子どももいるでしょう。そんな声があがったら，「どうしてそう
思うの？」と聞くと，「だって，2つの数をたすと10になるよ」ときまりを
発言するはずです。

④変数の題を知らせる

きまりがわかったら，何の変数かを知らせ板書します。

活動を次につなげるアドバイス

伴って変わる数量は，連続量に限ります。ですが，連続量の変数は，生活
の中の一部なので，連続量ではないものも取り上げ生活に視点を向けるよう
にしています。また，単元の後半には，きまりのないものも提示し，変身ペ
アにはきまりが必要であることを再認識させ，自分たちで変身ペアクイズ大
会を開くこともおすすめです。

〈松井〉

◆簡単な割合（領域：変化と関係）

4年 一番がんばった人は誰？

ゲーム&クイズの手順

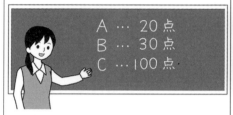

| ①1回目の漢字テストの結果を示す | ②2回目の漢字テストの結果を示す |

| ③考えた結果を発表する | ④見方・考え方によって結果が変わることを共有する |

授業のねらい

　簡単な割合の学習の始めにおすすめのゲームです。算数では数量を比べる時，「差」の考え方と「割合」の考え方があります。目的や場面によって「差」や「割合」で比べられる力をつけることが大切です。その際，双方の特徴とよさを知っておく機会をもつとよいでしょう。

ゲーム＆クイズの実際

【準備物】特になし

①１回目の漢字テストの結果を示す

　３人の漢字テストの結果（Ａさん「20点」，Ｂさん「30点」，Ｃさん「100点」）を示し，点数から「誰が一番がんばったと思いますか？」と問います。

②２回目の漢字テストの結果を示す

　次に２回目の漢字テストの結果を示します。右のように１回目と比べられるように提示するとよいでしょう。

　１回目と２回目の結果から，誰が一番がんばったかを判断し，その理由をノートに書かせ，数や式を使って説明できるようにします。

名前	漢字テスト （100点）	
	1回目	2回目
A	20点	80点
B	30点	90点
C	100点	80点

③考えた結果を発表する

・「Ｃさん。100＋80＝180で合計点数が高いから」（和で比べる）

・「Ａさん，Ｂさん。どちらも60点伸びている」（差で比べる）

・「Ｂさん。１回目が低く，２回目が一番高い点数だから」

　（２回目の最大値）

・「Ａさん。点数が４倍に伸びているから」（倍の考え）←簡単な割合

④見方・考え方によって結果が変わることを共有する

　見方・考え方によって結果が変わることを共有し，その結果，「３人ともがんばった」といえることを知らせます。

活動を次につなげるアドバイス

　様々な比較の手立ての１つに「割合」があり，「割合」で比べる必要がある場面についての理解につなげます。

〈直海〉

学年別　算数ゲーム＆クイズ60　　93

◆資料の分類整理（領域：データの活用）

ビンゴゲームをしよう

ゲーム＆クイズの手順

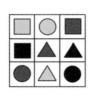

①自分のビンゴカードを作成する

②ビンゴゲームをする

③ビンゴの秘密をさぐる

④二次元表を読みとる

授業のねらい

　ビンゴゲームを通して二次元表を読みとる学習活動です。ビンゴをすると，「先生はいつも自分たちより先にビンゴになる」という結果から，「なぜ先生はいつも先にビンゴになるの？」という問いを引き出します。「先生にビンゴで勝ちたい」という問題解決の目的につなげることで，子どもが主体的に二次元表を読みとる学習活動を展開することができます。

ゲーム＆クイズの実際

【準備物】 ビンゴの枠／ビンゴカード／箱／ビンゴの内訳を表す二次元表

①自分のビンゴカードを作成する

　３×３のビンゴのマスに，９種類の図形（赤○，赤△，赤□，青○，青△，青□，黒○，黒△，黒□）を，好きなところに１つずつかき入れさせます。また，教師もビンゴ表を作成し，黒板にかいておきます。「教師 VS 子ども」の構図は盛り上がります。

②ビンゴゲームをする

　箱から１枚ずつ図形がかかれたビンゴカードをとり出してビンゴゲームを行います。箱には９種類の図形がかかれたビンゴカードが入っていますが，その枚数は意図的に変えておきます。そうすることで，枚数の内訳を知っている教師がいつも先にビンゴになるのです。

③ビンゴの秘密をさぐる

　「いつも先生が先にビンゴになるのは，おかしいよ！　何枚入っているのか教えてほしい！」という子どもの言葉を引き出します。

④二次元表を読みとる

　「仕方がないな。じゃあ，ビンゴの秘密を少しだけ見せてあげよう」などと言って，二次元表の読みとり活動に入ります。二次元表のセルにはそれぞれ紙を貼るなどしてブラインドをかけておきます。めくれる枚数は４枚までと制限をかけ，１枚ずつめくっていくとよいでしょう。合計欄を活用すれば，４つの欄の数値だけで，ビンゴの秘密を明かすことができます。

活動を次につなげるアドバイス

　箱の中のビンゴカードは，種類によって枚数を変えておき，出やすいカードと出にくいカードをつくるのがポイントです。そうすることで，内訳を知っている教師がビンゴになりやすいのです。ビンゴゲームを通して，子どもは意欲的に二次元表を読みとりたくなるのです。　　　　　　　　　〈三野〉

◆折れ線グラフ（領域：データの活用）

どっちのグラフ？

ゲーム＆クイズの手順

①子どもには見せずに，表を何種類か用意する

②ピンクとブルーのカードを1枚ずつくばる

③ルールを説明する

④表題を言って表を見せる

授業のねらい

　折れ線グラフの学習の習熟の時間に行います。折れ線グラフと棒グラフのどっちのグラフが適しているかを判断させ，グラフの特徴を習熟させます。

ゲーム＆クイズの実際

【準備物】 表／子どもにくばるピンクとブルーのカード　人数分

①子どもには見せずに，表を何種類か用意する

　折れ線グラフや棒グラフに適当な表を用意します。5種類ぐらい用意すると
よいでしょう。「1学期の算数テストの点数」や「スマホ料金」など切実
なものもまぜると盛り上がることでしょう。「ダイエット中の先生の体重の
変化」も盛り上がることうけあいです。(もちろんフィクションで)

②ピンクとブルーのカードを1枚ずつくばる

　ピンクとブルーのカードは，何も書いていないものでかまいません。板書
で「ブルー＝折れ線グラフ」「ピンク＝棒グラフ」と示しておけばよいので
す。この意思表示カードは，他の場面でも使えます。

③ルールを説明する

　折れ線グラフがよいと思ったらブルー，棒グラフがよいと思ったらピンク
のカードをあげるよう伝えます。あえて，どちらかに決めて2枚同時にはあ
げないことも伝えておきます。

④表題を言って表を見せる

　表題を大きな声で言った後に，表を見せます。どちらか1色にならないも
のもあることでしょう。その時こそ，チャンス。なぜそのグラフを選んだの
か討議させ，深めさせましょう。

活動を次につなげるアドバイス

　必ず折れ線グラフでないといけないというようなものはありません。割合
を表す円グラフ・帯グラフを除いては，かき手がその意図によって使い分け
るものです。それぞれの表を折れ線グラフでも棒グラフでも表示し，討論を
させた後，再び色カードで意思表示させても思考が深まります。

〈松井〉

＋ － コラム ✖ ÷

楽しい算数ゲーム＆クイズの後にやってくる「壁」

　本書を手にとられた多くのフレッシュ先生のみなさんは，算数ゲームやクイズの実践に取り組まれた後，ある壁にぶちあたると思います。それは，「算数ゲームでは盛り上がったのに，その後の授業展開で子どもたちが消沈してしまう」「授業の大事な学習場面で盛り上がらない」などといった悩みです。なぜそうなってしまうのでしょうか，考えてみましょう。

　算数ゲームには大きく分けて２種類あると考えています。

　１つ目は，**ゲーム自体が算数の学習活動になっている場合**です。９マスの魔法陣の場合で考えます。縦・横・ななめの３マスの数をたした合計をどれも同じ数にするというルールです。例えば，合計15をつくるために，数をあてはめて試行錯誤する活動自体が，実は計算練習になっています。答えの数に期待しながら計算を繰り返す活動は，受け身で取り組む計算ドリル学習とはまったく異なるものです。魔法陣に取り組む活動，ゲームの盛り上がりがそのまま主体的な学びに直結しています。

　２つ目は，**ゲームはきっかけであり，その先に算数の学習内容がある場合**です。逆にいえば，ゲームは算数の学習内容ではない場合です。「円」（第３学年）の導入で，玉入れゲームを行う実践は有名です。玉入れゲームの上手下手や盛り上がりは学習内容ではありません。ゲームの先にある「どうすれば不公平なくゲームができるだろう」「かごまでの距離を等しくしたらいい」「まるい形に並ぼう」という思考のステップを期待しているわけです。

　先ほど算数ゲームを２つに分けて考えました。どちらのゲームの場合も，教師は「盛り上がり」を優先してしまいがちです。大事なことは，何のために算数ゲームをやっているのかという教師自身の目的意識です。「子どもを

楽しませるために」では不十分です。学習内容につなげられないのであれば，それは授業時間を使った遊びでしかないのです。そんな余裕は私たちにはないはずです。

　とはいえ，ゲームは大変有効な手段でもあります。瞬時に教室に盛り上がりを生み出します。盛り上がりを上手に転移させれば，主体的で深い学びにもつながります。

・算数ゲームは，その先にある学習内容のために設けていること。それを教師が忘れないこと。
・算数ゲームは，瞬時に盛り上がりをつくるために大変有効であること。しかし，教師自身がバランスを見失わないこと。盛り上がりすぎて教室が騒然としたり，学習からかけ離れたりすることは本末転倒。それを教師が知っておくこと。
・算数ゲームで子どもたちが盛り上がっても，教師は沈着冷静であること。学習内容へベクトルを向けるタイミング，軌道修正するタイミングを，冷静にはかり続けていること。

　算数ゲームがもつ特性を知り，教師がゲームを有効な手立てとして使いこなしましょう。ゲームに使われてはいけません。

　「算数の時間，先生はゲームをしてくれる。だから，算数授業が好き」という子どもの言葉はうれしいけれど，ほめ言葉ではありません。「算数の時間，**ゲームをしながら気づいたり考えたりできる**。だから，算数授業が好き」と子どもが感じていないかぎりは，算数授業はうまくいっていないくらいに思って授業づくりに勤しみましょう。

〈木下〉

◆小数のかけ算（領域：数と計算）

5年 点とりゲーム

ゲーム&クイズの手順

① 点が多い班を勝ちとするゲームを行うことを知らせる

② カードをそれぞれひき，ゲームをスタートする

③ 結果を発表する

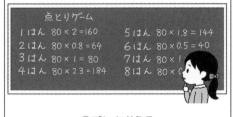

④ ズレを考える

授業のねらい

　小数の乗除は小数点の移動に気をつければ，あとは整数の計算と同じです。しかし，使われる場面は今までと大きく違います。また小数の乗除を考えることは，割合の学習ともつながります。ここではかけ算の結果，もとの数より小さくなることに素直なおどろきをもって出会わせたいと考えます。

ゲーム＆クイズの実際

【準備物】 倍カード→かける数を書いたカード（１を含む整数，１より大きい小数，１より小さい小数）　各チーム３～４枚ずつ

①点が多い班を勝ちとするゲームを行うことを知らせる

クラスを８つくらいの班に分け，班の持ち点を80点とします。

②カードをそれぞれひき，ゲームをスタートする

班ごとに「倍カード」をひき，カードの数をかけた数を得点とします。

③結果を発表する

各班の結果を黒板に書いていきます。

④ズレを考える

かけ算した結果はもとの80点より大きくなるはずである，という子どもの見通しと結果のズレを引き出します。

１班	$80 \times 2 = 160$		５班	$80 \times 1.8 = 144$
２班	$80 \times 0.8 = 64$		６班	$80 \times 0.5 = 40$
３班	$80 \times 1 = 80$		７班	$80 \times 1 = 80$
４班	$80 \times 2.3 = 184$		８班	$80 \times 0.3 = 24$

活動を次につなげるアドバイス

黒板の結果を見て，「先生！　おかしい。点数が始めの持ち点より減っている班がある」「計算ミスかな？　もう１回計算してみよう」「最悪！　１だからかけても変わらない！」という声から「かけ算で答えが小さくなるのはなぜだろう？」「どんな数をかけた時に減っているのかな？」「並べ替えて考えてみよう」と１より小さい数をかける意味理解にせまる姿を引き出すとよいでしょう。

〈直海〉

学年別　算数ゲーム＆クイズ60　　101

◆整数（領域：数と計算）

倍数体操始めるよ

ゲーム&クイズの手順

①数直線をかき，2の倍数に印をつける

②2の倍数の時の動きを考える

③2の倍数の時に体を動かす

④3の倍数でも同様に行う

授業のねらい

　倍数と公倍数の学習の導入時，または，その復習の時に行うことのできる簡単なゲームです。体を使って表現することで，倍数や公倍数を体感的に学び，その理解を深めることができます。このゲームは，芸人であり落語家でもある世界のナベアツさんの芸や筑波大学附属小学校の盛山隆雄先生の実践を参考にしています。

ゲーム＆クイズの実際

【準備物】 特になし

①数直線をかき，２の倍数に印をつける

まずは，数直線をノートにかかせます。この時，０〜20くらいまでかかせるとよいでしょう。そして，２の倍数に〇印をつけさせます。倍数の学習の復習です。

②２の倍数の時の動きを考える

２の倍数の時の動きを決めさせます。例えば，「右手をあげる」「耳をさわる」「立つ」など，いろいろな動きが考えられます。子どもの発言に寄り添いながら決めると，より楽しい活動になります。

③２の倍数の時に体を動かす

ノートを見ながら，実際に体を動かしてみます。みんなで，「１，２，３……」と数を唱えながらやると盛り上がります。慣れてきたら，ノートを見ないで動くようにすると難しさがアップして楽しいです。

④３の倍数でも同様に行う

２の倍数時と同様に行います。時間があれば，２の倍数と３の倍数の動きをあわせてみるとよいでしょう。公倍数の学習につながります。例えば，６の時には，「右手をあげながら，耳をさわる」など，２つの動きを同時にしなければなりません。この時が，２と３の公倍数ということです。

活動を次につなげるアドバイス

４の倍数や５の倍数でも同じようにゲームをすることができます。ですから，毎時間，授業の始め５分を使って復習することが可能です。楽しい雰囲気で，算数の学習を始めてみてはいかがでしょうか。

〈三野〉

◆分数（領域：数と計算）

5年 分数神経衰弱をしよう

ゲーム＆クイズの手順

①等しい分数2つをカードに書く

②ペアになり2人のカードをあわせる

③カードを裏返し神経衰弱をする

④対戦相手を変え2回戦を行う

授業のねらい

　等しい分数を学習した後に，通分の学習を行います。その習熟の場面で使えるゲームです。この学習もしっかりと習熟を図りたい学習内容です。しかし，「習熟＝訓練」のような捉え方をされることもあり，子どもたちの好き嫌いが分かれるところでもあります。授業の始め5分や隙間時間に行うなど，大切な学習内容だからこそ，繰り返し，等しい分数の理解を深めていきたいです。

ゲーム＆クイズの実際

【準備物】 分数を書くカード（画用紙）

①等しい分数２つをカードに書く

　小さく切った画用紙を，１人８枚程度くばります。２枚で１セットになるように，「$\frac{2}{3}$」と「$\frac{4}{6}$」など等しい分数を書きます。真分数だけでなく，仮分数もつくるように声をかけておきます。

②ペアになり２人のカードをあわせる

　例えば，１人で８枚書けば，２人で16枚，つまり８セットの等しい分数ができあがります。

③カードを裏返し神経衰弱をする

　机を向かい合わせにし，そこにカードをバラバラに並べます。教師の合図で，ゲームスタート。「あれ？『$\frac{2}{3}$』と『$\frac{6}{10}$』って等しい？」などと困った時には，教科書を見たり計算をしたりして確認させるとよいでしょう。これも習熟に必要な練習なのです。

④対戦相手を変え２回戦を行う

　勝った人は１つ左へ，負けた人は１つ右へなどと，ゲームを行う場所を移動させると，対戦相手も変わり，盛り上がります。

活動を次につなげるアドバイス

　学級の実態によって，カードに分数だけを書くのではなく，その分数を表す図などをあわせて書かせるのもよいでしょう。「分数」と「図」をつなぐ活動にもなり，ゲームをする時にも，２つの分数カードが等しいかどうかの判断がしやすくなります。また，慣れてきたら，カードに帯分数を入れることもできるでしょう。カードのバージョンアップです。ゲームをする時だけでなく，カードをつくる学習活動も習熟学習となります。

〈三野〉

◆合同な図形（領域：図形）

 5年

ピッタリ重なれば当たりゲーム

ゲーム＆クイズの手順

①ペアに三角形がかかれたカードが入った袋を渡す

②1人1枚ずつカードをひき、㋐とぴったり重なれば当たり

③カードをひいてすぐに残念がる子どもを取り上げる

④ぴったり重なるための条件を整理する

授業のねらい

　合同を学ぶ始めの時間でも，習った後の習熟の時間でも使えるゲームです。基準となる三角形を回転させた三角形や裏返しにした三角形なども入れておき，合同の学習を深めましょう。

ゲーム＆クイズの実際

【準備物】三角形がかかれたカード（基準の図形とまったく同じ三角形，基準の図形を裏返しにした三角形，基準の図形を回転させた三角形，基準の図形が縮小されている三角形，角度も辺の長さも違う三角形）

①ペアに三角形がかかれたカードが入った袋を渡す

基準となるカード㋐を袋の表に貼っておきます。袋の中には，合同だけれども回転や反転させたもの，縮図になっているものも入れます。縮図を入れることにより，角度は同じでも長さが違うものは，合同ではないことをおさえられます。

②1人1枚ずつカードをひき，㋐とぴったり重なれば当たり

「目をつぶってひいて，裏向きにしておきましょう。先生の合図があるまで，表にしてはいけませんよ」。そして，全員がひいたら「せーので表を向けるよ。せーの！」。すると，「うわ〜」とか「え？」などたくさんの反応がでます。

③カードをひいてすぐに残念がる子どもを取り上げる

カードをひいてすぐに落胆している子を取り上げます。「どうしてすぐに違うと思ったの？」「明らかに小さいよ」と，辺の長さに着目した理由が浮かび上がるはずです。

④ぴったり重なるための条件を整理する

「ひっくり返すとぴったり重なるから当たり」「回すとぴったり重なるよ」そんな発言をひろいながら，三角形の合同条件をまとめていきます。

活動を次につなげるアドバイス

三角形の合同条件まで子どもにさぐらせるのは難しいです。気づかせる内容と教える内容を吟味しましょう。子どもの意欲と習熟のためには，すべてを子どもに預けず，合同条件等は教師がまとめてもよいのです。　　〈松井〉

学年別　算数ゲーム＆クイズ60　　107

◆台形の面積（領域：図形）

5年 公式からその意味を説明しよう

ゲーム&クイズの手順

①台形の求積公式を知る

②方眼紙の台形の面積を求める

③3つの求積の共通点が「÷2」であることに気づく

④公式の意味を共有する

授業のねらい

　台形の公式を教えて，その意味を考えさせる活動です。平行四辺形と三角形の面積の時は，等積変形などの計算を一般化し，公式をつくりました。

　台形では公式を先に伝えた後に，「(上底＋下底)×高さ÷2になる理由を考えて，説明しよう」という課題を与えます。先に公式を与えるという，逆思考の活動自体をゲームと捉えて，謎解きを楽しみながら公式の意味を深く考えていきます。

ゲーム&クイズの実際

【準備物】ワークシート（台形がかかれた方眼紙）　人数分

①台形の求積公式を知る

台形の面積を求める公式，「(上底＋下底)×高さ÷2」を先に教えます。その後に，「公式の意味」を読み解いていくことを伝えます。

②方眼紙の台形の面積を求める

台形がかかれた方眼紙をくばります。面積を求める活動を通して，先に知った台形の公式にアプローチしていきます。

③3つの求積の共通点が「÷2」であることに気づく

子どもたちから特徴的な3つの考え方を抽出し，全体で共有します。

- (9＋3)×4÷2　　　　　　　：平行四辺形に変形
- (9＋3)×(4÷2)　　　　　　：平行四辺形に変形
- (9×4÷2)＋(3×4÷2)：三角形に変形

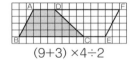 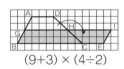 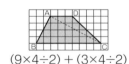

(9＋3)×4÷2　　　(9＋3)×(4÷2)　　(9×4÷2)＋(3×4÷2)

④公式の意味を共有する

どの考え方にも計算式の中に「÷2」が入っています。ここがポイントです。同じ「÷2」でも意味が異なることに気づかせます。「面積を半分にする÷2」と「高さを半分にする÷2」，そして「三角形の公式を使う÷2」です。意味がわかることでおもしろさが味わえますが，いずれの考え方も「(上底＋下底)×高さ÷2」の公式に集約できることを実感させます。

活動を次につなげるアドバイス

本活動では，3つの考え方を取り上げますが，いずれの考え方も全員に説明させたいものです。レポートにまとめるのもよいでしょう。

〈木下〉

◆速さ（領域：変化と関係）

5年 人類は逃げきれるか

ゲーム＆クイズの手順

ボルト	100m	9.58秒
ベイリー	50m	5.56秒

①100m走と50m走の世界記録と自分の50m走の記録を比べる

②数種類の動物が走っている映像を見る

カンガルー	200m	10秒
ダチョウ	180m	8秒
キリン	125m	8秒

③各動物が何mを何秒で走ったか提示する

ボルトは1秒あたり何m進むかな

④1秒あたりに走った道のりを出して比べる

授業のねらい

　人類最速の男・ボルトを人類代表におき，「人類は逃げきれるか」という切実さをもたせて，数種類の動物と速さを比べる活動をさせます。教科書会社によっては，動物を取り上げている教科書もありますので，参考にします。

ゲーム＆クイズの実際

【準備物】 ボルトとベイリーの写真

各動物の走っている映像（動画サイト等）

①100m走と50m走の世界記録と自分の50m走の記録を比べる

100m走の世界記録と自分の記録を比べると，「だいたい9秒で自分は50mしか進めないのに，ボルトは100mも進んでいるよ」という意見や，ベイリーの記録は同じ距離だから時間の少ない方が速いことなど，単位量あたりに即した考え方を板書しておきます。

②数種類の動物が走っている映像を見る

そしてここで課題を告げます。「人類の代表はボルト。次にあげる動物から人類は逃げきれるか考えましょう」。そう言って，数種類の動物の走っている様子の映像を大型投影機で見せます。

③各動物が何mを何秒で走ったか提示する

映像を見ているだけではわからないので数値を出します。本やインターネットで調べたものや，使用教科書にのっている数値をあげます。

④1秒あたりに走った道のりを出して比べる

同じ秒数なら進んだ道のりが長い方が速いことをおさえて，ランキングをつくるために，1秒で進む道のりを求めるように促します。

活動を次につなげるアドバイス

取り上げた動物すべてにボルトは負けてしまいます。切実さを強調して単元を進めることが，主体的な学びとなります。子どもの実態によっては，動物の種類を多めにしておき，時速と分速の換算なども内在させておいて，課題解決をその後も続けていくという流れもおすすめです。

〈松井〉

◆割合（領域：変化と関係）

5年 ジャンケンが強い人は誰？

ゲーム&クイズの手順

① 「このクラスで一番ジャンケンが強い人は誰か」を決めることを知らせる

② ジャンケン勝負をする

③ 勝った割合を求める

④ 今日のジャンケンチャンピオンを発表する

授業のねらい

　授業で割合を出す学習をした後にできるゲームです。準備物がないので授業の前後など短い時間で楽しみながら，比べられる量÷もとにする量＝割合の公式が定着します。

ゲーム＆クイズの実際

【準備物】 ノート

①「このクラスで一番ジャンケンが強い人は誰か」を決めることを知らせる

「ジャンケンが強い」を，ジャンケンで勝った割合を求めて決めることを知らせます。

②ジャンケン勝負をする

５分間で２人か３人でジャンケンをして，それぞれ勝った回数を○，負けた回数を×としてノートに記録させます。あいこは勝負がつくまでジャンケンをさせます。

③勝った割合を求める

５分たったら，ジャンケンをやめて，勝率を求める式を確認し，各自で計算し，割合を求めさせます。

④今日のジャンケンチャンピオンを発表する

勝率が一番高い人がその日のジャンケンチャンピオンです。

活動を次につなげるアドバイス

勝率が高い人が１に近く，低い人が０に近いことを意識させると，基準量の理解につながります。

割合を小数，百分率，歩合で表すと，割合の表し方も身につきます。

「ジャンケンを10回した時，60％勝った人は何回勝ったのでしょうか」「ジャンケンを何回かした時，６回勝ち，勝った割合は60％でした。何回ジャンケンをしたでしょうか」など，比べられる量やもとになる量を求める場合にも広げることができます。

〈直海〉

◆平均（領域：データの活用）

5年 ジュースしぼり対決をしよう

ゲーム＆クイズの手順

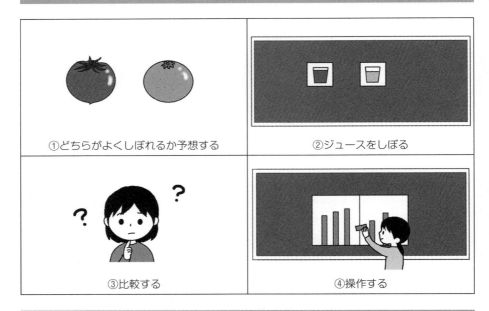

①どちらがよくしぼれるか予想する

②ジュースをしぼる

③比較する

④操作する

授業のねらい

　日常生活においてもよく使われる「平均」という言葉。この言葉を，算数の授業を通して，日常言語としての「平均」から，算数の概念としての「平均」へと高めていきたいものです。平均の概念を理解する上で大切なことは，「ならす」ということ。このゲームでは，単に計算で平均が出せるということではなく，同じ大きさになるように「ならす」という感覚を育むことをねらいとしています。

ゲーム＆クイズの実際

【準備物】 みかんとトマトの絵（表：みかん・トマトの絵　裏：しぼれる量
　　　　　　〈マグネットで液量を表しておく〉）

①どちらがよくしぼれるか予想する

　「先生は，ジュース工場をつくろうと思っています。みかんとトマト，ど
ちらの方がジュースをよくしぼれるのかな？」などと言い，予想をさせます。

②ジュースをしぼる

　いよいよゲームです。「みかん派」と「トマト派」に分かれて，ジュース
をしぼります。しぼるといっても実際には，くじの要領で，黒板に貼ったみ
かんやトマトの絵を選んで，裏返すのです。絵の裏には，そのみかんやトマ
トからしぼれるジュースの量が，コップに入った形で示されています。

③比較する

　「どちらの方が，１個あたりジュースがよくしぼれるのかな？」と問いか
け比較させます。この時，みかんとトマトの個数を変えておくと，「１個あ
たり」という考えに焦点化させやすいです。

④操作する

　ジュースの量は10mLを１つのマグネットで表しています。どちらがよく
しぼれるか，総量ではなく「１個あたり」で考え始めると，移動させたくな
ります。ジュース（液量を表すマグネット）を少しずつ移動させて，ならし
ていくのです。そうして，みかんとトマトどちらがよくしぼれたか決着をつ
けます。

活動を次につなげるアドバイス

　「ジュースを移しかえよう」と，ジュース（液量図）を少しずつ動かす操
作活動がまさに「平均」です。「ならせばみかんの方が多くしぼれることが
わかる」ことを確認した後，「いくつかの数量を同じ大きさになるようにな
らしたものを平均という」と平均の定義を教えましょう。　　　　〈三野〉

学年別　算数ゲーム＆クイズ60　115

◆平均（領域：データの活用）

九九表

ゲーム&クイズの手順

①九九表をくばり「九九表の数の平均を求めましょう」と声をかける

②平均の求め方を確認する

③九九表の総和を計算する

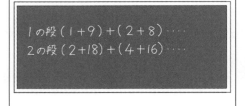
④計算結果と計算の工夫を発表させる

授業のねらい

　九九表などの数表で規則性を見つけることは帰納的思考や類推的思考を育てることにつながります。算数の様々な学習を経て、数学的思考を広げるために、高学年で九九表に再会する機会を設定したいものです。時期は平均を学習済みの段階がよいでしょう。

ゲーム＆クイズの実際

【準備物】九九表（掲示用，個人用）

①九九表をくばり「九九表の数の平均を求めましょう」と声をかける

あらかじめ平均値の予想をたてさせ，ノートに書かせましょう。

②平均の求め方を確認する

「九九表の数をすべてたした数÷81」。平均の求め方を忘れている子どもや，九九表の数がいくつかわからない子どももいるので，確認し板書しましょう。

③九九表の総和を計算する

「九九表の数を全部たすのは大変だから計算機がほしい」という声や，「あれ？　簡単に計算できるよ」と計算の工夫に気がついた声があがるでしょう。

④計算結果と計算の工夫を発表させる

計算式を並べて板書し，計算の工夫を共有します。

・1の段：$(1+9)+(2+8)+(3+7)+(4+6)+5=45$
・2の段：$(2+18)+(4+16)+(6+14)+……=90$
・3の段：$(3+27)+(6+24)+(9+21)+……=135$

「1の段の45を2倍にしたら2の段，3倍したら3の段の数になる」「それぞれの段の平均が5，10，15……5の段になっている」というような様々な気づきが出るでしょう。そして各段の和は2025で，平均値は$2025÷81＝25$，つまり九九表の真ん中の数になるおもしろさにふれることができます。

活動を次につなげるアドバイス

真ん中は偶然か？　九九表全体だけでなく，九九表内の真ん中の数字が存在する任意の正方形や長方形の部分で実験させてみましょう。その総数の平均値は必ず中心の数になり，偶然ではないことがわかるでしょう。「なぜかな？」の芽が中学校へとつながることが期待できます。

〈直海〉

◆分数のかけ算（領域：数と計算）

ぴったり1ゲーム

ゲーム＆クイズの手順

①ペアに分数が書かれたカードが入った袋を渡す

②カードを2枚ひき，かけて1になればゲット

③カードを見た瞬間に喜ぶ子どもの理由を全体で共有する

④新しいカードを1組ずつつくる

授業のねらい

　分数のかけ算の単元終わりに，逆数について学習しますが，その際，気づきをもたせるために行います。カードに小数や整数も混ぜて，その逆数があるかないかについて考えさせてもよいでしょう。

ゲーム＆クイズの実際

【準備物】 分数が書かれたカード（逆数を含む）

①ペアに分数が書かれたカードが入った袋を渡す

逆数を含めた分数が書かれたカードが入った袋を渡します。カードに書く数は，教科書に掲載されている数をおすすめします。整数や小数を入れておくことも子どもの実態に合わせて考えましょう。

②カードを2枚ひき，かけて1になればゲット

カードを2枚ひいて，かけ算します。1になればカードを手元に持っておきます。かけても1にならなければ，袋に戻します。

③カードを見た瞬間に喜ぶ子どもの理由を全体で共有する

ノートにかけ算を書いて考える子どももいれば，その数を見た瞬間に喜ぶ子どももいます。机間巡視をしながら，「どうして計算していないのに，すぐに当たりとわかるの？」と投げかけ，全体で共通理解を図ります。次に，整数の逆数についても話し合います。逆数のしくみをここで理解させます。

④新しいカードを1組ずつつくる

逆数のしくみが理解できているか，個々での理解を図るために，真っ白なカードを2枚ずつ渡し，新しいカードをつくらせます。「当たりをもっと増やしたいよね」などと言いながら，④の活動に入りましょう。

活動を次につなげるアドバイス

ゲーム中に机間巡視をしながら，すぐに当たりとわかる子どもを見取るだけでなく，迷いをつぶやいているペアも取り上げます。級友の悩みを解消するための全体討議を目指すためです。黙って机間巡視せずに，「へえ，そうなんだ」とか，「みんな，ここのペアはこのカードはどうしようって迷っているよ。後でみんなで考えようね」など，広げつつ回りましょう。

〈松井〉

◆分数×分数（領域：数と計算）

6年 分数トーナメント

ゲーム&クイズの手順

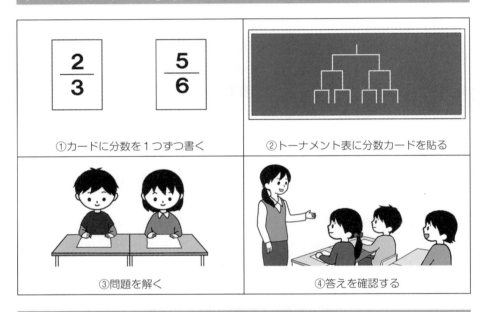

①カードに分数を1つずつ書く
②トーナメント表に分数カードを貼る
③問題を解く
④答えを確認する

授業のねらい

　分数の計算の習熟で使えるゲームです。教科書にのっている計算問題やワークシートの問題をただ解くだけではなく，楽しみながら問題を解くことで，分数の計算の習熟を図ります。ゲーム性があるので，子どもたちも意欲的に計算練習にチャレンジすることができます。

ゲーム＆クイズの実際

【準備物】 トーナメント表（8チーム〜16チームサイズ）
　　　　　分数を書く画用紙

①カードに分数を1つずつ書く

　1人に1枚小さく切った画用紙をくばります。そこに計算で使用する分数を書かせます。真分数だけでなく，約分が必要なものや，仮分数，帯分数など，学習状況に合わせて指示をしておくとよいでしょう。

②トーナメント表に分数カードを貼る

　黒板に大きくトーナメント表をかきます。その後，子どもが書いた分数カードをくじびきの要領で1枚ずつひき，それをトーナメント表に貼っていきます。まずはルールを確認するためにも，1試合分（分数カード2枚）を貼ったところで，計算の復習をします。例えば，$\frac{1}{2}$と$\frac{2}{3}$のカードが出た場合には，$\frac{1}{2} \times \frac{2}{3}$の試合（計算）をすることになります。

③問題を解く

　続けて分数カードをひき，試合（問題）を決定していきます。一気に全試合を発表して計算させるのもよいですし，1問ずつ計算させるのもよいでしょう。トーナメント表の大きさによって問題数を変えることができます。

④答えを確認する

　1回戦が終わったところで答えを確認します。ここで答えが間違っていると，その後の試合（計算）はすべて間違えてしまうからです。「優勝するのはどんな分数だろうね？」と投げかけると，子どもたちがワクワクして計算問題に取り組む様子が見られます。

活動を次につなげるアドバイス

　「分数のわり算」でも同様に行うことができますし，既習である「分数のたし算」や「分数のひき算」でも行うことができます。プリントにトーナメント表をかいておけば，家庭学習で使用することも可能です。　　　〈三野〉

学年別　算数ゲーム＆クイズ60　　121

◆拡大と縮小（領域：図形）

同じ形なら当たりゲーム

ゲーム＆クイズの手順

①ペアに矢印がかかれたカードが入った袋を渡す

②1人1枚ずつカードをひき，⑦と同じ形なら当たり

③カードをひいてすぐに残念がる子どもを取り上げる

④ぴったり重なる形ではなく，同じ形を見つける

授業のねらい

　拡大と縮小について，辺の長さの比だけではなく，角度についても目を向けさせるためにつくった矢印がかかれたカードでゲームをします。辺の長さの比は同じで上部の三角形の角度を変えた矢印をかいたカードも入れておきます。

ゲーム&クイズの実際

【準備物】拡大・縮小された矢印をかいたカード

①ペアに矢印がかかれたカードが入った袋を渡す

　基準となるカード㋐を袋の表に貼っておきます。中に，基準となるカード㋐の矢印の拡大や縮小になっている矢印がかかれたカードとそうではないカード，対応する辺の長さの比は同じだけれども，上部の三角形の部分の角度をかえたカードを入れておきます。

②1人1枚ずつカードをひき，㋐と同じ形なら当たり

　「目をつぶってひいて，裏返しにしておきましょう。先生の合図があるまで，表にしてはいけませんよ」。そして，全員がひいたら「せーので表を向けるよ。せーの！」。すると，「うわ〜」とか「え？」などたくさんの反応が出ます。

③カードをひいてすぐに残念がる子どもを取り上げる

　明らかに同じ形ではないカードをひいて落胆している子を取り上げます。「どうしてすぐに違うと思ったの？」「明らかに細すぎるよ」と，辺の長さや幅に着目した理由が浮かび上がるはずです。

④ぴったり重なる形ではなく，同じ形を見つける

　「ぴったり重ならなくてもいいの？」「5年生の時は，ぴったり重なれば当たりだったよね。今日は同じ形なら当たりだよ」「じゃあ，これは大きさが違うだけで，形は同じだよ」と，おのずと話し始めるので，分度器や定規で対応する角度や辺の長さを調べるようにさせます。

活動を次につなげるアドバイス

　カードにかかれた矢印の形をよく吟味する教材です。辺の長さの比ばかり，角度ばかりにとらわれないよう，時間の最後には，辺の長さの比は同じで角度が違う矢印を中心に話の山をつくります。

〈松井〉

◆対称な図形（領域：図形）

 「ある・なし」クイズ

ゲーム&クイズの手順

①図形などを１つずつ黒板に貼っていく	②「ある・なし」を考え，判断する

③「ある」の共通点を考える	④まとめをする

まとめ
１本の直線を折り目にして折った時、
両側がぴったり重なる図形は、
線対称または，直線について対称である
といいます。

授業のねらい

　線対称な図形の導入で使えるゲームです。素材は教科書にたくさんのっています。例えば，アルファベットや折り紙でつくった作品，「山田」「田中」など人の名字。これらをゲームに活用することができます。ゲームを通して，線対称について理解することをねらいとしています。

ゲーム＆クイズの実際

【準備物】線対称なもの（掲示用）／線対称でないもの（掲示用）

①図形などを１つずつ黒板に貼っていく

　まずは，黒板の真ん中に縦に１本線をかきます。そして，黒板から左側を「ある」，右側を「なし」と分けます。そこに１つずつ，図形などを貼っていきます。例えば，学級の友達の名前（「山田」「田中」……）や，アルファベット（「A」「B」……）などから，線対称になるものと，そうでないものを１つずつ貼っていきます。

②「ある・なし」を考え，判断する

　１枚黒板に貼った後，「これはどっちだと思う？」と問いかけます。１枚ずつ判断させることで，どこに目をつければよいのか，一人ひとりが考えることができるようにします。

③「ある」の共通点を考える

　ある程度枚数がそろったところで，「ある」の共通点を考えます。共通点がわかった子どもがいても，すぐに答えを言わせないことがポイントです。短い言葉でのヒントを出させるとよいでしょう。例えば，「ぴったり」とか「きれい」「折る」など，線対称の性質にかかわる言葉が出てきます。

④まとめをする

　「ある」の共通点について確認した後，「線対称」という言葉や「対象の軸」という言葉について，教科書の言葉を使ってまとめます。

活動を次につなげるアドバイス

　まとめる前に，実際に図形を渡して，折って確認するなどの学習活動を行うことも可能です。また，その際は，微妙な図形などを入れておくと，確認する必然性が生まれるのでよいでしょう。「ぴったり重なる」ことが，線対称では大切なことだと確認することができます。

〈三野〉

◆円の面積（領域：図形）

6年 学級円かき大会をしよう

ゲーム&クイズの手順

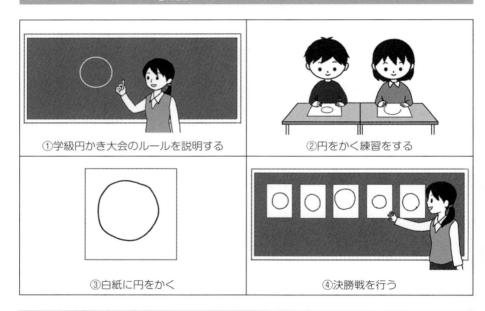

①学級円かき大会のルールを説明する

②円をかく練習をする

③白紙に円をかく

④決勝戦を行う

授業のねらい

　フリーハンドでどれだけきれいな円をかけるかという大会が実際に行われているのをご存じでしょうか。これを学級で行うゲームです。意外ときれいな円をかくことは難しく、シンプルですが盛り上がるゲームです。円の面積の導入時に行い、「ところで、円の面積ってどうやったら求められるかな？」と未習である円の面積の学習への動機づけに使えるゲームです。

ゲーム＆クイズの実際

【準備物】罫線のないＡ４サイズの白紙／ペン

①学級円かき大会のルールを説明する

「フリーハンドでかく」「ペンでかく」「美しい円をかいた人が勝ち」とい
うルールを説明します。

②円をかく練習をする

始めに，ノートに円をかく練習をします。大きさは，だいたい直径10cm
と指定しておきます。それぞれノートに円をかきながら，曲線をかく難しさ
を感じることでしょう。

③白紙に円をかく

さて，いよいよ本番です。１回戦は班のメンバーとの勝負です。Ａ４サイ
ズの用紙を１枚ずつくばり，裏に名前を書かせます。その紙にできるだけ美
しく円をかきます。ペンでかくので一発勝負です。その後，班の中で見比べ
て代表１人を選出します。選出に迷った時の審判は先生が務めるとよいでし
ょう。

④決勝戦を行う

代表に選ばれた人の紙を集めます。８班あれば，８枚集まります。その紙
をまぜてから，黒板にランダムに貼ります。そうすることで，誰がかいた円
かわからなくなります。あとは全員の投票で優勝者を決めます。この他にも，
決勝戦は黒板上にチョークで円をかくという方法もあり，こちらの方法でも
盛り上がります。

活動を次につなげるアドバイス

学級円かき大会を通して，円に対する興味・関心が高まります。その後，
「ところで，曲線で囲まれた美しい円はどうやってその面積を求めることが
できるのかな？」と問いを投げかけ，単元の導入につなげることができます。

〈三野〉

◆円の面積（領域：図形）

いくつあるの

ゲーム＆クイズの手順

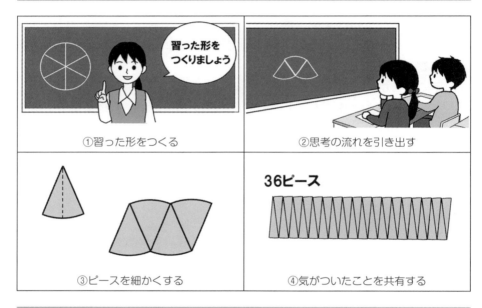

①習った形をつくる

②思考の流れを引き出す

③ピースを細かくする

④気がついたことを共有する

授業のねらい

　円の面積は，方眼のマス目を数える活動から始まり，その後，円を細分化した扇形を平行四辺形や三角形など基本図形の面積の求め方で考え，公式へとつなげる流れが主流です。しかし，円を細分化する必要感がないままでは円を切って図形をつくる作業となってしまいます。そこで，基本図形の面積の求め方に帰着する活動にしぼり，主体的にかつ必要感から極限の考えや近似値の考えを引き出し，円の求積公式へとつなげていく展開を考えました。

ゲーム&クイズの実際

【準備物】 6等分した円（掲示用，配付用）

①習った形をつくる

面積を求めることができる円を6等分にしたパズルで習った形をつくります。

②思考の流れを引き出す

曲線があるからできない→これでは正確な面積を求められない。「平行四辺形っぽい」→もっとピースを細かくしたい。このような思考の流れを引き出します。

③ピースを細かくする

下記のように，ピースを細かくして習った形をつくります。

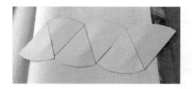 

6ピース　➡　12ピース　➡　36ピース

④気がついたことを共有する

ピースを細かくすればするほど直線に近づくことを共有します。細かくしたら「平行四辺形」と見てよいのではないかという考えに至ります。より細かいものはデジタル教材で見せるとよいでしょう。

活動を次につなげるアドバイス

底辺は円周の2分の1であること，高さは円の半径であることを6ピースに等分した円に戻り，共有します。底辺や高さは円のどこにあたるのか考え（底辺×高さ→円周÷2×半径），円の公式の学習につなぎます。

〈直海〉

◆比例と反比例（領域：変化と関係）

6年 変身ペアを分類しよう

ゲーム＆クイズの手順

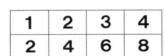

①表の上の数字を見せてから下の数字を見せる

②きまりを見つけたら，何の変数かを知らせる

| 同じ誕生日の |
| 4歳差の兄弟の年齢 |

| 面積が12cm²の長方形の |
| たてと横の長さ |

③いろいろな変数を用意しておき，②を行う

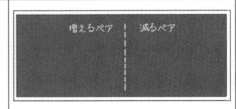

④「増える増えるペア」と
　「増える減るペア」に分ける

授業のねらい

　伴って変わる数量を，表の上の数字（1，2，3……という独立変数）を見せてから，表の下の数字（2，4，6，……という従属変数）を見せることで，変わり方のきまりに目を向けさせます。

ゲーム＆クイズの実際

【準備物】 数種類の伴って変わる数量の表（比例，反比例，$y = ax + b$ の
もの，$x + y =$ 定数，$y - x =$ 定数など）

①表の上の数字を見せてから下の数字を見せる

「この表の数字，今から何が出てくるかな」と言って表の上の数字1を見
せたら，表の下の数字2を見せます。表の上の数字2を見せたら，表の下の
数字4を見せます。このあたりから，子どもは予想をたてるようになります。
「きっと2倍になるから，次は3と6だと思う」。こうやってきまりに目を向
けさせましょう。

②きまりを見つけたら，何の変数かを知らせる

一方が変われば，もう一方も同じきまりで変わるものを，伴って変わる2
つの数量ということを伝えます。長いので，変身ペアと名づけます。

③いろいろな変数を用意しておき，②を行う

一方が増えるともう一方が増える変数は，比例しかないと思っている子ど
ももいます。4歳差の兄弟は，弟が1歳の時に兄は5歳，弟が2歳で兄が6
歳，弟が3歳で兄が7歳となります。このような変数も入れることで，比例
の差別化が図れます。

④「増える増えるペア」と「増える減るペア」に分ける

一方が増えるともう一方も増えるものと，一方が増えるともう一方が減る
ものにざっくり分けます。そしてまずは，増える増えるペアの学習をスター
トさせ，比例の式，グラフなどに時間を追ってせまらせていくのです。

活動を次につなげるアドバイス

特に比例 $y = ax$ と一次関数 $y = ax + b$ は，グラフは似ているけれど
も x 軸と y 軸の交わりを通るか通らないかが違います。単元を通して，式と
グラフで表すとその違いが浮き彫りになり，習熟を図れます。

〈松井〉

学年別　算数ゲーム＆クイズ60　131

◆比と比の値（領域：変化と関係）

6年 レシピの王様をさがせ

ゲーム&クイズの手順

① ソースのレシピ「ケチャップ20mLとマヨネーズ30mL」を知らせる

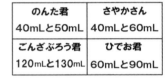

のんた君	さやかさん
40mLと50mL	40mLと60mL
ごんざぶろう君	ひでお君
120mLと130mL	60mLと90mL

② 正しくソースをつくっている人をさがす

100mLずつ増やしているからよいのでは？

いやおかしいよ

③ ごんざぶろうを取り上げて討議する

2:3（2対3）

④ 比の定義と書き方を教える

授業のねらい

　生活の中では，料理のレシピに比で表した割合が出てくることが多いでしょう。ここでは，ソースづくりという簡単な調理を取り上げ，間違った割合のレシピを提示することで，正しい割合を顕在化させます。

ゲーム＆クイズの実際

【準備物】 ソースの分量のイラスト／４人のレシピ（掲示物）

①ソースのレシピ「ケチャップ20mL とマヨネーズ30mL」を知らせる

数値だけではなく，小さじスプーンの絵を提示し，２：３を視覚的にもわかるようにしておきます。

②正しくソースをつくっている人をさがす

４人のレシピを見せます。考えられるつまずきをレシピの数値にしておきます。例えば，ごんざぶろうは，100mL ずつ同じように増やしたレシピ，ひでおはそれぞれを３倍にしたレシピです。子どもは，偶数倍はよく見つけられるのですが，奇数倍につまずく子が多いからです。

③ごんざぶろうを取り上げて討議する

ごんざぶろうのレシピを取り上げて，同じ倍数にしないといけないことをおさえます。のんたのレシピについても同様です。

④比の定義と書き方を教える

「ケチャップが２に対して，マヨネーズが３の割合になっている時，レシピ通りにつくることができているといえます。これを２：３と書いて，２対３といいます。聞いたことがある人いますか？」

数人がきっと手をあげるはずです。

活動を次につなげるアドバイス

クラスの状態によっては，もっとレシピ数を増やして考えさせるのもよいでしょう。ただし，その際には，奇数倍のレシピと同数量増やしたレシピを必ず入れておきましょう。今後の学習を見越して数値を考えるようにしましょう。

〈松井〉

学年別　算数ゲーム＆クイズ60　　133

◆資料の整理（領域：データの活用）

6年 実力があるのはどっち？

ゲーム＆クイズの手順

①昔と今の子どものスポーツテストの結果を予想する

	昭和60年	去年
ボール投げ	29.94m	22.52m
反復横跳び	39.46回	41.95回

（H30.2.13スポーツ庁より）

②昭和60年と去年のスポーツテストの平均値を提示する

③平均が同程度のクラスの結果を見せる

④実力があるのはどっち？と聞く

授業のねらい

　代表値としての平均のよさを味わわせた後，平均だけでは比較できない状況にし，データを自分なりの見方で捉えさせます。「実力」について，何を実力と見るのかで，それぞれの思考をぶつからせ，深い思考へと導きます。

ゲーム＆クイズの実際

【準備物】昭和60年と去年（当該児童が5年生時）のスポーツテストの全国結果（今回は「平成29年度全国体力・運動能力，運動習慣等調査結果」を使用）

ソフトボール投げのクラスごとのデータ（散らばりが広いが平均が少し高いクラスと散らばりが狭いが平均が少し低いクラスのデータ）

①昔と今の子どものスポーツテストの結果を予想する

「昭和60年の11歳と自分たちが11歳の時の体力テストの結果は，どちらが上だと思いますか？」と言って予想させます。インターネットで検索すれば簡単にわかります。自分たちの結果ですので切実です。

②昭和60年と去年のスポーツテストの平均値を提示する

予想に反して，結果がよくなっている項目もあります。悪い結果については，その原因と対処法などを考えさせます。

③平均が同程度のクラスの結果を見せる

ソフトボール投げのクラス平均を比べます。教科書会社によっては，ソフトボール投げを取り扱っていますので，そのデータを使うとよいでしょう。

④実力があるのはどっち？と聞く

「実力」と言われると，平均だけではわからないという反応が返ってくるはずです。そこで，最大値，最小値，すべてのデータ，ドット図，柱状グラフ，電卓などを与えて，子どもに「実力」を考えさせます。

活動を次につなげるアドバイス

ここでは，データの分析だけに集中させるため，平均を計算したり，グラフをかいたりという活動はさせません。子どもがほしがるであろうグラフやデータはすべて用意しておきます。分析と主張のために，グラフや数値を使う子どもの姿を目指します。　　　　　　　　　　　　　　　　　　〈松井〉

◆データ(領域:データの活用)

どのロボットを選ぶ？

ゲーム&クイズの手順

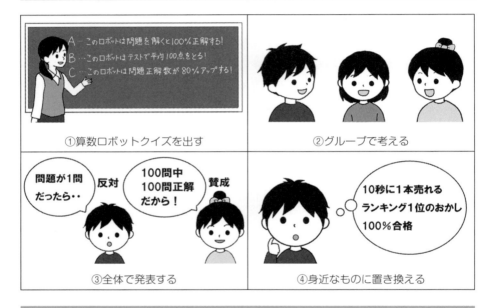

① 算数ロボットクイズを出す
② グループで考える
③ 全体で発表する
④ 身近なものに置き換える

授業のねらい

　データを批判的に見る視点を養うクイズです。身近なところに様々なデータがあふれています。しかし中にはデータの一部だけを取り上げ，都合よく表現されたものもあります。データの根拠や表現方法について考え，意見を交流し，様々な見方ができることを体験することが大切です。

ゲーム＆クイズの実際

【準備物】ノート

①算数ロボットクイズを出す

　ある博士３人がそれぞれ算数ロボットを開発しました。ロボットを世界中で売るため，３人は次のキャッチコピーを発表しました。

・ロボットＡ：このロボットは問題を解くと100％正解する！
・ロボットＢ：このロボットはテストで平均100点をとる！
・ロボットＣ：このロボットは問題正解数が80％アップする！

　さあ，あなたならどのロボットを選びますか？？

②グループで考える

　グループで自由に話し合いタイムをもたせます。ロボットのキャッチコピーについて，他に知りたいこと（問題数，問題の難易度，テストの回数など）についても話し合い，ノートに記録させます。

③全体で発表する

　選んだロボットを発表し，それぞれについて賛成意見，反対意見を取り上げます。

④身近なものに置き換える

　身の回りの似たような広告やキャッチコピーについて話し合います。

活動を次につなげるアドバイス

　６年生での「データの活用」ではデータを批判的に考察することが重要です。その際，第三者によって提示されたデータが信頼できるかどうか，身近なわかりやすい事例で検討するとよいでしょう。

　平均値や中央値，最頻値を比較し，グラフに表したものを分析し，データの特徴や傾向を読み解く活動でも，常にその根拠が妥当であるか，考える姿勢が大切です。

〈直海〉

✚ ━ コラム ✖ ➗

ゲーム＆クイズを考える私たちの本当の思い

　昨年４月，転勤して新しい学校に赴任しました。

「どんな子どもたちかなあ」

「前の学校と環境も違うし，不安だなあ」

　そんな思いをかかえ，さあ，いよいよ算数授業で子どもたちの前に立ちます。

　子どもたちもはじめての先生を相手に緊張気味で様子をうかがっています。

　私はさっと０〜９の数字カードをとり出し，裏向きにして黒板に貼りました。

「今から先生とみんなで勝負をします。数字カードを１枚めくってひき算の式をつくります。

　たくさんつくったほうが勝ちですよ」

　たちまち子どもたちの目が輝き，前のめりになりました。

　子どもたちとの出会いの授業では，子どもたち全員を笑顔にしたいと思います。

　子どもたちはゲームやクイズが大好きだから，授業の始めにはうってつけです。

　けれど，生き生きした姿がゲームやクイズが終わると消えてしまうのはとても残念……。その楽しさを学習へつなぐことが大切です。

「なんか勉強だけど遊びみたい」

「次は先生，何をしかけてくるのかな」

　これらの言葉は最高のほめ言葉。

　期待を裏切れない！とますます楽しいことを考えるアンテナが高くなる，好循環の始まりです。

　先生も子どもも遊び心いっぱいで学習できたら幸せです。

そしてもう１つ，算数はどうしてもできる子と苦手な子との差が大きくなる教科です。

　しかし，クイズやゲームなら敷居がぐんと下がり参加しやすくなります。日頃活躍していない子どもにぜひスポットをあててください。

　間違えても，ゲームだもの，クイズだもの，全然気にしない！

　そんなあたたかい教室をつくり，クラスづくりにつなげていただけたらと思います。

〈直海〉

おわりに

　私は，若い頃，学級経営ばかりに重きを置いていることがありました。そんな時，尊敬する先輩先生からこんな言葉をいただきました。

「あなたの学級経営はすばらしい。それは大事だしよいことです。

　でもね，教師は授業なんだよ」

「教師は授業」この言葉は，今も私の胸の真ん中に突き刺さり，軸となっています。

　授業を創ることは，教師としての責務であり，醍醐味です。どんなに学級経営が素敵なクラスでも，学びがなければ教育ではなく，子どもの力になりません。そこには，学習集団ではなく，なれあい集団しか存在しないからです。

　先ほど申し上げた“子どもの力”とは，知識・技能といった基礎的な学力のことではなく，あなたの目の前にいる“この子たち”が生きていく上で必要な力のことです。

　それは，未知なる課題にこうでもない，ああでもないと主体的に取り組む力

　それは，自分の意見をもちながら，しかし，しなやかに周りとかかわり，自分自身を深めていくコミュニケーションの力

　それは，失敗しても怖がっても，そんな自分を受け入れ，これでいい！と進んでいく自己肯定の力

　それらの力を“子どもの力”と私は申し上げました。一般には“生きる力”というところでしょうか。